IMA MANAGEMENT ACCOUNTING COMPETENCY SERIES

· 管理会计能力提升与企业高质量发展系列 ·

U0725041

财务职业道德

防范职业风险、规范业务行为的方法与案例分析

田雪峰、赵成立、齐建民◎著

人民邮电出版社

北 京

图书在版编目（CIP）数据

财务职业道德 ：防范职业风险、规范业务行为的方
法与案例分析 / 田雪峰，赵成立，齐建民著. -- 北京 ：
人民邮电出版社，2022.5
（管理会计能力提升与企业高质量发展系列）
ISBN 978-7-115-58763-3

Ⅰ. ①财… Ⅱ. ①田… ②赵… ③齐… Ⅲ. ①会计人
员－职业道德 Ⅳ. ①F233

中国版本图书馆CIP数据核字(2022)第036108号

内 容 提 要

　　社会经济的高速发展，科学技术的迅猛进步对财务职业道德提出了新的要求。近年来，由于财务职业道德教育的缺失，会计、审计丑闻时有发生，给财务行业的公信力造成了巨大的影响。本书以会计职业道德为核心进行讲解，在商业伦理方面，用经典模型与情景化案例，传授给读者实用的道德决策六步法。在企业经营方面，依次阐述了业务中与上下游、投资人、监管、公司治理、内控内审中会遇到的会计职业道德问题、应对措施，来规范业务行为。最后介绍了数字经济时代对会计职业道德的新要求，旨在提高读者对职业道德的认识，并使读者在面临职业困境时做出正确的选择。

　　本书将情景案例与理论知识相融合，富有趣味性及实用性，适合从事管理会计、财务管理、会计、审计工作的读者阅读和学习。

◆ 著　　　　　田雪峰　赵成立　齐建民
　　责任编辑　　刘　姿
　　责任印制　　周昇亮

◆ 人民邮电出版社出版发行　　北京市丰台区成寿寺路 11 号
　　邮编　100164　　电子邮件　315@ptpress.com.cn
　　网址　https://www.ptpress.com.cn
　　三河市祥达印刷包装有限公司印刷

◆ 开本：700×1000　1/16
　　印张：13　　　　　　　　　　　　　2022 年 5 月第 1 版
　　字数：187 千字　　　　　　　　　2022 年 5 月河北第 1 次印刷

定价：69.80 元

读者服务热线：(010)81055296　印装质量热线：(010)81055316
反盗版热线：(010)81055315
广告经营许可证：京东市监广登字 20170147 号

序

▼
▼

　　管理会计师对于企业的财务健康至关重要，他们不仅是价值的守护者，更是价值的创造者。随着可持续发展日益受到重视，企业从关注利润增长转向提升多个利益相关者的利益，管理会计师在维护和提升企业声誉方面承担着重任。与此同时，数字化时代下，企业在战略规划、创新和风险管理等领域也对管理会计提出了更高的要求。提升管理会计师的能力素质已成为企业发展的重中之重。

　　《IMA 管理会计能力素质框架》是 IMA 管理会计师协会基于市场和行业趋势变化，经过深入研究和全面分析管理会计行业所面临的挑战，围绕管理会计师所必备的能力素质提出的指导性实用体系，不仅有助于个人提升职业竞争力，还能帮助组织全面评估、培养和管理财会人员队伍。IMA 此次与人民邮电出版社合作，正是基于这一框架开发了管理会计能力提升与企业高质量发展系列图书，结合中国本土实践，对数字化时代下管理会计师所需的知识与技能进行了详细讲解。各类企业，不论是国有企业、私营企业还是跨国企业，其管理者和财会人士都必定会从本系列图书中直接获益。

　　本系列图书的作者既包括国内深耕管理会计多年的高校财会专业教授，又包括实战经验丰富的企业财务掌门人与机构精英。同时，IMA 还诚邀多位知名企业财务高管成立实务界编委会，为图书策划和写作提供真知灼见。

在此，我谨代表 IMA 管理会计师协会，向本系列图书的作者、实务界编委、人民邮电出版社以及 IMA 项目团队的成员表示感谢！我们希望通过本系列图书的出版及相关宣传活动，大力推动中国本土管理会计实践的发展，助力企业和中国经济高质量发展！

IMA 管理会计师协会总裁兼首席执行官

杰弗里·汤姆森

2022 年 3 月 28 日

在学习和实践中提升管理会计能力

中国管理会计理论和实践自 2014 年以来进入快速发展轨道,各种管理会计工具方法在微观层面企事业单位的应用,正在日益加速、拓宽和深入,在企业转型升级、全社会高质量发展进程中发挥着重要作用。

当今社会信息技术迅猛发展,会计职业在互联网、大数据、人工智能等新技术业态的推动和加持下,信息采集、核算循环、数据存储、整合表达等方面持续发生变革,为管理会计在企业广泛运用和助力企业价值增长,奠定更坚实的算力基础、更有效的管理和决策支持。

随着《财政部关于全面推进管理会计体系建设的指导意见》以及《管理会计应用指引》等一系列规范指南的陆续出台,管理会计人才培养体系的建设和管理会计的应用推广,得到各界高度重视。应当看到,从目前中国管理会计发展情况看,管理会计师作为会计领域的中高端人才,在企事业单位仍存在着巨大缺口,庞大的财务和会计人员队伍,面临着关键职能转型压力:从核算型会计转向管理型会计。

IMA 管理会计师协会 2016 年发布《IMA 管理会计能力素质框架》,在管理会计领域广受认可,广为好评,被视为权威、科学、完整的技能评估、职业发展和人才管理标准,为中国及其他国家管理会计能力培养体系的构建提供了重要参考。这个框架文件在 2019 年得到重要的更新升级。

　　为加快促进中国管理会计体系建设，加强管理会计国际交流与合作，实现取长补短、融会贯通，IMA 与人民邮电出版社共同策划、启动管理会计能力提升与企业高质量发展系列丛书项目。该丛书设计以《IMA 管理会计能力素质框架》为基础，结合中国管理会计实际发展需求，以管理会计队伍能力提升为目标，以企业管理需求为导向，同时兼顾会计专业教育和研究。

　　本套丛书分为两期建设。第一期八本，选题内容覆盖和涉及管理会计从业人员工作中需要的各项能力，力求理论与实务兼备，既包含实务工作中常见问题的解决方法，也有经典的理论知识阐述，可帮助管理会计从业人员学习和完善自身各项能力，也能为积极推进转型的财务人员提供科学的路径。

　　在图书作者配置方面，体现学术界和实务界合作。本套丛书的作者均在管理会计领域深耕多年，既有理论深厚、指导体系完备的高校资深导师，又有紧贴一线前沿、实战经验丰富的企事业单位负责人，合力打造国内首套内容权威、体系完整、贴近实务的管理会计能力提升新形态知识图书，在弥补市场空白的基础上推动企业管理会计人才建设及人才培养，促进企业提质增效。

　　作为新形态管理会计专业读物，本套丛书具备以下三大特点：

　　第一，理论与实务兼备。本套丛书将经典的管理会计理论与企业财务管理、经营发展相结合，内容均是从实践中来，再回归到实践中去，力求让读者通过阅读本套丛书对自身工作有所得、有所悟，从而提升自身工作实践水平。

　　第二，体系完备。本套丛书选题均提炼自《IMA 管理会计能力素质框架》，每本图书的内容都对应着专项管理会计必备能力，让读者体系化地学习管理会计各项知识、培养各项能力，科学地实现自我提升。

　　第三，形态新颖。本套丛书中大部分内容配套以微视频课程，均由作者精心制作，可让读者有立体化的阅读体验，更好地理解图书中的重难点内容。

天下之事，虑之贵详，行之贵力。管理会计具有极强的管理实践性，既要求广大财务从业人士学习掌握理论知识，还要积极转变传统财务思维，将理论运用于实践，进一步推动财务与业务融合，更好地助力企业高质量、可持续发展。本套丛书不仅是一系列优质、有影响力的内容创作与传播，更是为财务行业发展及人才培养提供智力支持和战略助力。我们希望与广大读者共同努力，系统、全面地构建符合中国本土特色的管理会计知识体系，大力促进中国管理会计行业发展，为企业高质量发展和中国经济转型做出积极贡献。

北京大学光华管理学院教授 王立彦

IMA 管理会计师协会副总裁、中国区首席代表 李刚

2022 年春于北京

十七世纪的哲学家 Thomas Hobbes 指出，人如果自私，那么社会就会沦落为人与人之间没有合作的模式。而仅靠法规和法院是无法恢复人类的合作行为的，因为没有任何法规可以要求所有人都做出同一反应，而人们必须意识到其合作的共同利益才能进行合作。换句话来讲，如果法规足够有效，那么就不会出现安然丑闻、世通造假事件，即便之后加强了监管，会计造假依旧会以这样或那样的形式出现，历史即便没有完全地重演，但是造假的本质未变。

所以说，单靠法规约束是不够的，必须同时强调道德约束。

但是道德行为存在时间维度的问题，比如作为财务人员，低估企业的环境负债也许可以让企业的业绩好看、企业管理层满意，其本人也可以获得升职或加薪的优待，但是从长远来看，后代就会遭受恶劣环境的影响。这笔低估的环境负债只能瞒得了一时，它迟早是要浮出水面的，在那时，由于财务报告造假会导致投资者信心下降、股价下跌，并最终损害到股东的利益，而财务人员也会面临降薪、被解雇的风险，严重的还有可能被职业禁入。因此，无论是财务人员还是其他社会人员，只有做了对社会有益的事情，即长期利益的事，才是道德的。因为人们的共同利益始终是希望整个社会越来越好，逐步实现可持续发展。

在大智移云物区和数字经济高速发展的今天，财务人员必须在企业战略、规划和绩效、报告和控制、领导力、技术和分析、商业敏锐度和运营等方面能全方位塑造软实力、提升硬技能，以应对企业日益变化的内外环境和日趋激烈的职场竞争。然而，财务人员在任何时间、任何地点、任何情景下都必须坚守住财务人员能力框架，即底层职业道德和价值观，它如同会计恒等式一样，不能被打破；如摩天大楼的地基一样，坚不可摧。财务人员如果丧失或破坏了职业道德，其水平高、能力强，也难以给企业持续创造价值，如果违反了法律，还会毁掉他自己的人生。无数血淋淋的案例也证实了这一点。

社会始终需要德才兼备的财务人员，保持持久的德才兼备是非常不易的，所以，不论在财务、审计、会计等相关工作中，也不论人工智能参与或取代了多少原本是财务人员的工作，财务人员始终要保持诚信、客观公正、专业胜任、勤勉尽责、保密的职业规范，适应新的工作环境和流程，要掌握新的技术和手段，实现数字经济下的财务转型。

本书在广泛征求了实务界专家以及学者意见的基础上编写，内容同时结合大智移云物区、数字经济对财务人员职业道德提出的挑战等新兴话题；源引相关会计法规、商业伦理与会计职业道德基本理论以及职业道德决策模型，深入企业不同的商业环境和场景中，从企业内部的公司文化、公司治理、内部控制、内部审计，到企业外部的供应商、客户、股东、债权人关系以及监管关系，对财务人员工作范围内能够接触到的领域中可能涉及的职业道德问题，均做了必要的阐述和场景应用，实现了职业道德理论与实务的有机融合。本书以会计职业道德为核心来阐述财务领域的职业道德，既可以作为理论研究的参考，也可以作为一本工作手册放在办公桌上学习。

本书第 2 章的 2.3 节、2.4 节，及第 3 章至第 7 章，由田雪峰负责编写；第 2 章的 2.1 节、2.2 节、2.5 节，以及第 1 章、第 8 章，由齐建民编写；本书案例内容和结构设计，由赵成立负责编写、统筹。李春晖、许雪扬、田一鑫、张佳佳，负责资料搜集、数据整理、书稿校对等工作。本书的资料来源较多，为方便读者进一步参考，已尽量提供了资料内所涉及作者的中文名称。

本书适合所有从事财务管理、会计、审计的工作人员，以及所有对财务职业道德感兴趣的人士阅读；同时，也适合高校中学习财务管理、会计学、审计专业的本科生，或高校内要学习《会计职业道德》相关课程的专业硕士生作为配套或参考教材使用。通过阅读本书以及《IMA 管理会计能力培养丛书》，读者不仅可以从理论上提升财务人员必备的综合能力素质，还可以从实务中获得启发和指引，从而提高会计职业道德素养，为开启新经济、新业态下的财会人员转型发展之路保驾护航。

田雪峰

2021 年 11 月 17 日

目 录

▼
▼

第1篇　商业伦理与会计职业道德决策

1 第1章
商业伦理

大智移云物区 · 006

会计法律法规 · 009

会计法律 · 009

会计行政法规 · 010

如何理解商业伦理 · 011

商业伦理内涵 · 011

商业伦理的功能 · 012

商业伦理原则与标准 · 015

商业伦理的四个理论 · 024

2 第2章
会计职业道德决策

如何理解会计职业道德 · 028

会计职业道德概念框架的基本作用 · 028

会计职业道德概念框架的构成 · 029

会计职业道德的五个原则 · 032

诚信原则及其应用 · 032

客观公正原则及其应用 · 036

专业胜任能力与勤勉尽责原则及其应用 · 039

保密原则及其应用 · 046

良好职业行为原则及其应用 · 050

会计职业道德案例："真实公司"如何变得不真实 · 054

"真实公司"的背景 · 054

"真实公司"的历史问题浮出水面 · 056

"真实公司"的现实问题 · 058

会计道德决策六步法理论基础 · 061

道德决策模型 · 061

道德决策多因素模型 · 062

整合模型 · 063

IMA道德决策六步法 · 065

道德决策六步法在"真实公司"中的实施·068

识别道德困境·068

识别备选方案·069

评估备选方案·069

制定决策·070

执行决策·070

评估决策·070

第 2 篇　会计职业道德与企业经营

3 第 3 章
会计职业道德与上下游的关系

供应商案例："诚一公司"如何不诚·074

"诚一公司"的背景·074

"诚一公司"出现的问题·074

供应商关系中的会计职业道德·077

对"诚一公司"的五大质疑·077

供应商关系管理三阶段·081

客户案例："正斯品牌"如何不正·085

"正斯品牌"的背景·085

"正斯品牌"出现的问题·085

客户关系中的会计职业道德·088

不道德行为分析·088

IMA 职业道德及价值观分析·089

IMA《职业道德守则公告》及案例分析·090

4 第 4 章
会计职业道德与投资人关系

债权人案例："德巧公司"如何不德·096

"德巧公司"的背景·096

"德巧公司"出现的问题·096

债权人关系中的会计职业道德·100

基于 GONE 理论的问题分析·100

基于 IMA 道德决策六步法的问题分析·101

股东案例："仁美公司"如何不仁·104

"仁美公司"的背景·104

"仁美公司"出现的问题·104

股东关系中的会计职业道德·108

基于舞弊三角理论的问题分析·108

基于中国注册会计师职业道德基本原则的问题分析·109

5 第5章
会计职业道德与监管关系

监管案例：财务造假孰之过·114

证监会处罚对象与缘由·114

处罚依据·116

财务人员应该从轻处罚吗·117

证监会回应·117

监管关系中的会计职业道德分析·119

会计职业道德，怎么强调都不过分·119

勤勉、独立、客观、公正的财务人·122

6 第6章
会计职业道德与公司治理

企业文化案例："德君公司"如何做到德行合一·124

企业文化与会计职业道德分析·126

"精英团队战略"造就优秀财务团队·126

技术创新与业财联动成就团队合作·128

伦理型企业文化育成道德型财务人员·130

企业文化融入会计职业道德教育·132

公司治理案例："锐好集团"如何不好 · 134

"锐好集团"的背景 · 134

"锐好集团"公司治理的问题 · 135

公司治理与会计职业道德分析 · 139

公司治理基本理论 · 139

公司治理与会计职业道德 · 141

"锐好集团"的公司治理与会计职业道德 · 142

7 第7章
会计职业道德与内控内审

内部控制案例："实况公司"如何不实 · 146

"实况公司"背景 · 146

"实况公司"的内部控制问题 · 146

内部控制与会计职业道德 · 149

"实况公司"的内部控制缺陷认定标准 · 149

内部控制为何失效 · 150

如何保证内部控制有效 · 153

内部审计案例："大美公司"如何不美 · 155

"大美公司"的背景 · 155

"大美公司"内部审计问题 · 156

内部审计问题原因挖掘·157

相关法规扩展·158

秉承职业道德，打破砂锅问到底·159

内部审计与会计职业道德·162

内部审计基本理论·162

内部审计与会计职业道德关系分析·162

第3篇　数字经济时代的会计职业道德

8 第8章
数字经济时代对会计职业道德的新要求

数字经济时代对会计职业道德的影响·169

数字经济时代会计职业有何变革·170

数字经济时代会计职业的利益诱惑·171

数字经济时代会计职业的道德困境·174

数字经济时代会计职业道德应对·179

如何提升数字经济时代会计师专业胜任能力·180

如何规范数字经济时代会计信息系统操作行为·182

如何加强数字经济时代会计数据资源管理·184

如何规范数字经济时代会计人工智能应用行为·185

第 1 篇

商业伦理与
会计职业道德决策

扫码即可观看
本篇重难点内容的精讲视频课程

商业伦理

"千亿白马" 何以成 "害群之马" ——A 公司会计舞弊事件

A 公司是一家主要从事新材料、智能显示与碳纤维业务的公司。作为昔日资本市场的白马股，A 公司 2010 年上市以来股价最高涨幅近 20 倍，2017 年创下历史市值巅峰 940 亿元，近千亿元，被称为 "材料界华为" 和 "千亿白马股"。A 公司在碳纤维业务上投资百亿元，希望成为 "碳纤维全球领导者"。然而，年产 6.6 万吨碳纤维远远超出全球绝大部分地区对碳纤维需求，最终导致 A 公司的资金出现问题。

2019 年 1 月，A 公司首次出现债务违约，年报中披露的账面资金却达到惊人的 122 亿元。这样不合常理的情况引起了市场关注，对 "账面存在 122 亿元却不能偿付债券本息" 的质疑不绝于耳。随着事件发酵，A 公司财务造假与信息披露违规的事实逐渐浮出水面，人们惊觉这匹 "大白马" 已不复存在。

在财务造假方面，A 公司通过虚构销售业务方式虚增营业收入，并通过虚构采购、生产等方式虚增营业成本和销售费用等，导致 2015—2018 年虚增利润总额约 115.3 亿元，A 公司的年报利润几乎是虚假的。A 公司账面的巨额资金也是虚假记载。

在信息披露违规方面，A 公司不仅隐瞒募集资金使用的情况，还在年报中隐瞒了关联担保的情况。A 公司将募集的原计划用来支付设备采购款的 24.53 亿元转走，并通过多次转手，这笔钱最后全部流回 A 公司，用来支付银行贷款、虚增利润等。A 公司的子公司和其他公司签订的《存单质押合同》用来作为 A 公司母公司 K 集团的担保。这些本应披露给投资者的信息都被悄悄掩盖掉。最后，A 公司的股票被纳入 "退市风险警示股票" 名单，中国证监会向 A 公司下发《行政处罚及市场禁入事先告知书》。A 公司被证监会处罚 60 万元，K 集团及 A 公司的董事长钟某作为舞弊事件的主导者，被罚款、判刑，终身禁入证券市场，其余涉事的高管也被处罚。

那么，结合本案例，请你思考以下问题。道德与法是什么关系？商业伦理与会计职业道德是什么关系？A公司舞弊的动因是什么？A公司舞弊的经济后果是什么？A公司非道德行为诱发的机理又是什么？如何事先识别其道德风险？

大智移云物区

早在 1954 年，通用电气公司就开始运用计算机进行工资核算，由此促进了会计管理思想与信息技术的融合发展，会计信息质量逐步提高。在数字化时代，借助互联网、物联网、大数据、云计算、区块链和人工智能等现代技术实现会计管理思想和理念、数据思维方式的应用以及劳动形态的转变，已经成为会计技术和会计职业发展不可扭转的变革趋势。现代技术在会计领域的应用促使数据思维方式和新型劳动形态成为现实，进而提升了会计信息生产的效率和效果，加速了会计管理思想和理念的应用进程。一方面，现代技术以其独特的优势提升了会计信息生产的效率和效果，减少了传统会计师的需求数量；另一方面，现代技术将现有会计师从繁杂的基础劳动中解放出来，更好地辅助企业经营管理决策。

当前，推动会计管理思想和理念、数据思维方式和新型劳动形态成为现实的技术力量主要来自互联网、物联网、大数据、云计算、区块链和人工智能。这些现代技术以其独特的优势影响着会计工作的各个方面。归纳起来，现代技术在会计领域的应用可以划分为促进数据思维方式应用的现代技术和促进劳动形态转变的现代技术。但我们不能将互联网、物联网、大数据、区块链和人工智能等根据上述类型进行精确归类，因为任何技术都可能服务于多重目的。以人工智能为例，一方面可以应用人工智能直接取代会计师；另一方面人工智能自身携带的数据分析技术，也会促使数据思维方式成为现实。现代技术的优势与应用价值，如表 1-1 所示。

表1-1 现代技术的优势与应用价值

序号	技术名称	基本解释	优势及在会计领域的应用
1	互联网	网络与网络之间串连成庞大网络，这些网络以一组通用的协议相连，形成逻辑上的单一巨大国际网络	不受空间限制交换会计数据；会计数据更新速度快；交换会计数据或会计信息具有互动性；会计数据交换的使用成本低；会计数据交换的发展趋于个性化；有价值的会计数据被资源整合，会计数据存储量大、高效、快速；会计数据能以结构化数据、半结构化数据和非结构化数据形式交换或存在；提升会计工作的效率和效果等
2	物联网	互联网基础上延伸和扩展的网络，将各种信息传感设备与互联网结合起来形成一个巨大网络，实现在任何时间、任何地点，人、机、物的互联互通	除具备互联网的优势外，还具备如下优势。①经济价值：通过保留原有的会计数据获取与处理的设备可以大幅减少成本；②会计数据交换价值：使用跟互联网同样的 IP 技术，会计数据之间的交互和访问不会造成额外的损耗；③应用价值：物联网可以投入社会生产生活各个领域，其会计数据反馈的即时性可以减少灾难造成的损失
3	大数据	数据规模庞大，超出传统数据库管理软件的获取、存储、管理以及分析能力的数据集	提高会计数据处理速度；降低会计数据获取、存储、管理以及分析成本；提高会计服务水平；更精准地辅助经营管理决策；提升会计工作的效率和效果等
4	云计算	通过网络"云"将巨大的数据计算处理程序分解成无数个小程序，通过多部服务器组成的系统处理和分析这些小程序，得出结果并返回给用户	节省会计数据获取、存储、管理以及分析成本；实现会计数据采集、存储和处理资源的整合；实现跨平台的会计数据处理；轻松管理会计数据，减少会计师需求，节省会计数据处理时间；会计数据获取、存储、管理以及分析更加安全和节能环保等；提升会计工作的效率和效果等
5	区块链	属于信息技术领域的术语，本质上是一个共享数据库	存储于区块链上的会计数据具有不可篡改、分布式账本、时间戳、网络共识以及可编程的特征；提升会计工作的效率和效果等

续表

序号	技术名称	基本解释	优势及在会计领域的应用
6	人工智能	利用数字计算机或者数字计算机控制的机器模拟、延伸和扩展人的智能，感知环境、获取知识并使用知识获得优选结果的理论、方法、技术及应用系统	促进会计处理效率和效果的提升；降低会计工作岗位的难度；减少相关人员对会计工作的干预，增加会计工作的独立性；加速会计工作创新等

　　会计管理思想和理念的应用将引发会计数据资源管理平台的形成，大数据采集、存储和分析技术的应用将进一步强化会计数据资源管理平台的功能，而有利于劳动形态转变的现代技术将推动会计劳动形态的转变，远程劳动、共享劳动、人机协同劳动等劳动形态将广泛出现，会计数据资源管理平台呈现智能化的发展趋势。在会计管理思想和理念、数据思维方式和新型劳动形态的影响下，会计工作发展将呈现三大趋势。①内部控制工作信息化趋势。会计数据资源管理平台决定了企业资源计划（ERP）和财务共享服务中心（FSSC）等的广泛应用，即信息系统的普及化。受此影响，经济业务处理过程全面信息化，内部控制被广泛嵌入信息系统，与信息系统控制相关的人员进入会计职业队伍。②会计工作数据化趋势。会计数据资源管理平台的出现，促使会计工作的对象由纸制凭证、账簿、报表转变为电子数据，进而推动会计职业朝着注重数据分析的方向发展。③会计工作智能化趋势。新型劳动形态的出现将使会计职业朝着智能化的方向发展。

会计法律法规

会计法律制度是国家权力机关和行政机关制定的关于会计工作的法律、法规、规章和规范性文件的总称，是我国财经法律法规的重要组成部分，是调整会计关系的法律规范，是会计人员从事会计工作必须严格遵守的行为准则。

目前，我国基本形成了比较完善的会计法律体系，该体系主要包括会计法律、会计行政法规、会计部门规章和地方性会计法规这四个层次，其中，本书主要阐述会计法律、会计行政法规。

会计法律

会计法律是指由全国人民代表大会及其常务委员会经过一定立法程序制定的有关会计工作的法律。我国目前有两部会计法律，分别是**《中华人民共和国会计法》（以下简称《会计法》）和《中华人民共和国注册会计师法》（以下简称《注册会计师法》）**。《会计法》是调整我国经济活动中会计关系的总规范，是会计法律制度中层次最高的法律规范，是制定其他会计行政法规、会计部门规章和地方性会计法规的依据，也是指导会计工作的最高准则。《会计法》由全国人民代表大会常务委员会制定并于1985年1月21日通过，1993年12月29日进行第一次修正，1999年10月31日进行修订，2017年11月4日进行第二次修正，现行的《会计法》是2017年11月4日进行修正并于2017年11月5日起施行的。《注册会

计师法》是指导注册会计师及其行业行为的最高准则。1986 年国务院发布
了《中华人民共和国注册会计师条例》，它属于行政法规，尚未成为法律，
直到 1993 年 10 月 31 日，第八届全国人民代表大会常务委员会第四次会
议审议通过了《注册会计师法》，并于 1994 年 1 月 1 日起施行，才正式升
为法律。

会计行政法规

会计行政法规是由国务院制定并发布，或者国务院有关部门拟订并经
国务院批准发布，用以调整经济生活中某些方面会计关系的法律规范。我
国目前已经施行的会计行政法规主要有两部，分别是《总会计师条例》和
《企业财务会计报告条例》。《总会计师条例》是由国务院于 1990 年 12
月 31 日以国务院令发布的，于 2011 年 1 月 8 日修订，是对《会计法》中
相关规定的细化和补充。《企业财务会计报告条例》是由国务院于 2000
年 6 月 21 日以国务院令发布，自 2001 年 1 月 1 日起施行的，是对《会计
法》中相关财务会计报告的规定的细化。

如何理解商业伦理

商业伦理内涵

"**商业伦理教学之父**" **曼纽尔·贝拉斯克斯**认为，商业伦理研究（Business Ethics）是关于道德（Morality）对错的专门研究，聚焦于商业企业、制度和活动，研究道德标准及道德标准如何应用于现代社会生产、分配产品和服务的社会组织以及这些组织中的员工活动。商业伦理学是应用伦理学的一种形式，它分析道德规范和价值观，并将分析结论应用于商业企业、制度和活动。

曼纽尔·贝拉斯克斯认为，商业伦理研究三大内容。①制度伦理。商业伦理中的制度问题是关于企业经营所在大环境的经济、政治、法律和其他企业的问题，包括有关道德的问题，有关企业运营所处环境的法律法规、工业结构和社会实践的问题。②公司伦理。商业伦理中的公司伦理问题是关于特定组织的伦理问题，包括关于活动、政策、实践和将公司视作整体时的组织结构问题。③个人伦理。商业伦理中的个人伦理问题是与公司中特定个人及其行为、决定有关的伦理问题，包括个人决定、行为与个性等的伦理问题。

美国伦理学家乔治·恩德勒认为，商业伦理的研究对象分为三个层次——微观、中观和宏观。在微观层次上，我们去探讨单个的人（雇员或雇主，同伴或经理，消费者、供应商或投资者）做什么、能做什么，以及应该做什么，以便去理解、去设想他的伦理责任。中观层次上不仅包括了公司、厂家，而且包括了贸易联盟、消费者组织、各种职业联合会等。在宏观层次上存在着本质上很不相同的问题，这个层次上包括了经济制度和经济条件的形态，像经济秩序、金融、社会政策、国际经济关系等。

国内一些学者也持同样的观点，认为商业伦理研究三个层次的问题。第一是宏观层次伦理，探讨国家、政府的经济制度和秩序问题的伦理评价：一方面研究和阐述经济制度、经济体制、经济政策的伦理评价，比如市场经济的伦理评价问题、社会福利政策的伦理评价问题、世界经济秩序的伦理评价问题等；另一方面研究整个社会经济活动的道德价值导向问题，比如公正和效率、道义和功利等问题。第二是中观层次伦理，也就是企业中的伦理问题，主要包括企业的社会责任、内部的管理伦理和企业外部关系中的伦理问题。第三是微观层次伦理，主要包括个体在社会经济活动中承担的职业角色的伦理问题和个体对消费的伦理评价及消费道德规范。

总之，商业伦理是以企业为行为主体，以企业经营管理的伦理理念为核心，企业在处理内外部各种关系中的道德品质、道德规范及道德实践的总和。商业伦理作为一种"善与恶"或"应该与不应该"的规范，具有群体性、中介性、内隐性、地域性、双向性等特点。

商业伦理的功能

商业伦理是维系商业社会存在的基础。首先，任何一家企业的生产经营活动，都需要一个稳定的外部社会环境。如果一个社会的诚信状况极差，到处充斥着谎言与欺诈，人们无法相互信任，企业就很难与他方发生交易，生产经营就会停顿。可见，社会成员遵守基本的伦理底线是社会保持稳定从而企业间放心发生交易的前提条件。其次，对企业内部管理而言，内部员工遵守道德规范也是企业生存与发展的前提之一。如果一家企业偷盗、欺诈、随意毁约、磨洋工的现象比比皆是，这家企业破产也就是早晚的事情。在完全失去伦理约束的情况下，企业是无法生存的。相反，如果企业严守商业伦理规范，领导办事公平公正，尊重每位员工，员工就不会轻易辞职或旷工，公司指令也会得到充分贯彻，公司效率就会大大提高。最后，把观察的时间尽可能地拉长，把观察的范围尽可能地扩大，证据显示，在较长的时间区间里和大部分的情形中，一个普遍规律是遵守商业伦理规范的企业能够获得超越不讲道德的对手的竞争优势。这也就是曼纽尔·贝拉斯克斯的观点——伦理行为是公司的最佳长期企业战略之一。**彼得·德鲁克（Peter F. Drucker, 1909—2005）**也强调，企业是社会的器官，是社会的一分子，企业只有遵守商业伦理才能实现可持续发展。他认为，商业伦理是一种伦理潮流，是商业中不可缺少的要求，适合组织的伦理概念必须清晰地界定基本的人际关系、设立普遍适用的行为规则、关注使所有利益相关者利益最大化的行为，让组织关系变得和谐、互惠。

在各种资源特别是物质资料有限的情况下，由于企业都有追求利益最大化的倾向，企业内外部利益相关者之间，除了有合作的一面，也会有利益的差异和冲突，比如企业与社会、个人与企业、各个企业之间就会有利益的差异和冲突。如果对利益冲突不能给予良性的调整，就会破坏社会秩序和社会合作，因而需要通过一些手段比如商业伦理规范来调节。商业伦理或商业伦理规范的功能系统与社会伦理的功能系统的构造相同，其调节功能具体地体现在以下三个方面。

1. 指导功能

商业伦理具有指导主体行为的功能。商业伦理规范是以祈使句来表达的，它的典型形式是"应该如何"或"不应该如何"。这种指示或劝诫表达了社会对企业行为的期望和要求。这种期望和要求如果被主体认同，就会转变为主体的行为；即使不被主体认同，由于社会舆论的强大压力，这种期望和要求往往也会被企业和个人接受和遵循。例如，改革开放以来，各种社会团体发动和组织各种募捐活动以援助贫困或受灾地区的做法越来越普遍，救危扶困、乐善好施的道德规范和同情心是主导这种非强制性募捐活动的驱动力。有许多企业就是出于同情心、出于对扶危济贫的道德规范的认同而自愿捐款捐物的；也有企业对频繁的募捐活动已经厌烦，但迫于道德舆论的压力，尽管不大情愿，还是捐了款或物。在这种行政规章和法律都管不到也不该管的场合，商业伦理对企业的动机和行为的指导作用是显而易见的。

2. 评价功能

根据一定的商业伦理标准，对企业主体的行为进行评价，这是商业伦理的又一个重要功能。这一功能又可分解为褒扬功能和谴责功能。前者通过引起主体的自豪感和光荣感，对主体的动机和行为起激励、鼓舞的作用；后者则通过引起主体的羞愧、内疚等情感，对主体的动机和行为起抑制和纠错的作用。比如，对企业员工的行为进行道德评价，表扬遵守商业伦理准则的员工和批评违背准则的员工，激发他们的荣辱心，使他们受到商业伦理的教育并将其深植于心，从而自觉地用商业伦理规范自己的行为。

3. 教化功能

商业伦理具有引导企业行为的功能，这种引导的特点是劝善戒恶，并辅之以社会舆论的赞扬和谴责，进而作用于企业的道德情感与道德文化。这对于企业的文化、理念和行为有一种潜移默化的塑造作用，不但能够影响企业当下的动机和行为，而且能够改造企业的道德品质，提高企业的道德境界。这就是商业伦理的教化功能。

商业伦理的功能，无论是对企业主体行为的指导，还是对企业主体行为的评价，最后都要通过主体对自身行为的选择起作用。在现实生活中，对企业的行为选择起决定性作用的往往是利益因素，但是，追求利益最大化的企业往往会与同样追求利益最大化的其他利益相关者发生冲突。这时，是损人（其他利益相关者）利己（企业自身），还是克己利人，抑或是利己不损人，是主体面临的三种选择。绝大多数的道德理论对此的意见是：应该克己利人，切勿损人利己，至少要利己不损人；克己利人高尚，损人利己可耻，利己不损人正当。商业伦理正是通过这样的方式来影响企业及其员工的选择的。它明确地告诉人们什么是善、什么是恶、什么是正当，怎么做是光荣的、怎么做是可耻的，从而对企业及其员工追求利益的动机起到抑制、肯定或鼓励的作用，影响他们对行为方式的选择，进而达到调整企业与其他利益相关者之间关系的目的。

商业伦理原则与标准

伦理挑战：天价口罩

2020 年口罩成为抢手货，少数商家趁机抬高口罩价格。对于天价口罩现象，出现两种针锋相对的观点。

有人认为"应该赞美那些在危难中发财的人"，原因有三点。①"这些人其实是帮了别人，是给别人多了一个选择"，也就是说只要有人愿意高价购买口罩，这就是出于自愿的自由选择。②高价让商家有利可图，会导致供给增加，而"阻止别人在危难中发财，供给会更少"。③抬高口罩价格可以阻止出现黑市交易之类丑陋的地下经济现象。

反对者则针锋相对地予以批评。①这是乘人之危不是自由选择。在2020 年新冠肺炎疫情时，人们面临的不是一般商品的选择，而是有关性命的选择，市场已经失灵，价格信号机制已经不能起作用。②供给不一定是由高价来解决的。对企业而言，价格不是引导生产的唯一信号，即便没有价，只要需求信息可靠，只要能保证正常利润，厂商也会生产。③生命权是人的基本权益。在重大社会危机面前，全社会的首要任务是保护人的生命。如果哄抬口罩价格，必然导致富人才有购买力，穷人则会因无力购买而无法获得防护的机会。④人性的一个基本方面是恻隐之心和社会责任感。大量百姓自发向疫区捐赠、大量医务人员奔赴疫区挽救生命，并不是受商业利润的激励，而是出自人性的关怀。

透过这场争论，回望我国传统中医行业，有位知名老中医的中药铺大门两侧悬挂的对联写道，"但愿世间人无病，何惜架上药生尘"，意思是希望人人都没有疾病，即使药架布满了灰尘，也没有什么可惜的。这一对联是我国传统中医的道德宣言，对比今日的商家哄抬价格行为，你有什么样的思考呢？

对于上述引例，有人从效用主义视角对天价口罩现象进行道德评价，有人从人道主义视角进行道德思考。可以发现，对同一个商业行为其实可以依据不同的道德标准进行评价。

"商业伦理教学之父"曼纽尔·贝拉斯克斯对商业中的伦理原则进行了系统总结和分析，可概述如下。

1. 效用原则

效用（Utility）是指行为带来的净收益。效用原则认为，当且仅当行为产生的总效用大于其他替代行为的总效用时，该行为合乎伦理。**效用主义（Utilitarianism）**是指提倡选择效用最大化的行为或政策的理论，其主要代表是**英国哲学家杰里米·边沁（Jeremy Bentham,1748—1832）**和**约翰·穆勒（John S. Mill,1806—1873）**。在企业的商业决策中，效用原则是最具影响力的一项伦理原则之一。

约翰·穆勒认为，能给最大多数人带来最大幸福的行为就是善行，即道德的行为。这也就是说，效用主义是以行为的效用来评判行为的道德与否的。这里的"最大多数"指的是受一个行为影响的全体当事人中的"最大多数"，而不仅仅是指执行者自身，也不总是指一个国家的全体人口中的"最大多数"，或全人类中的"最大多数"。例如，开会的时候，有人用手机高声地与人通话，分散了在场的所有或大多数人的注意力，这种行为就是不道德的行为。一个企业家捐资兴建了一所希望小学，使当地大多数或所有的失学儿童得以复学，这种行为就是道德的行为。如果一个行为给全体当事人都带来利益，也造成损失，但利益的总量超过了损失的总量，即幸福的量为正值，那么这个行为也是道德的；反之，则是不道德的。从效用的关联性和时间维度来看，效用原则不仅要求考虑当事人自身行为的直接和当前后果，而且要求考虑所有可能为每个人带来的当前与可预见未来的成本、收益和任何显著的间接效应。此外，效用原则并不认为只要行为自身的收益超过了自身的成本就是正确的，因为在很多决策情境下可能有几个备选行动方案，而且每个方案的收益都大于成本。效用原则强调的是，与其他所有可能的行动方案的效用相比，应该选择能带来最大效用的行动方案。因此，在特定情境下根据效用原则进行伦理决策，首先要仔细研究在特定情境下可供选择的备选行动方案，然后分析估计在未来特定的时间区间内每个备选行动方案可能会给所有受影响的人带来哪些直接或间接的收益和成本，接着将每个备选行动方案的收益减去成本得出净收益，最后选取的能够产生最大净收益的方案就是合乎伦理的行动方案。

效用原则是西方主流经济学的一个基点。比如，经济学的经济人假设认为，人类总是企图使自身效用最大化，产品效用可以用人们愿意为其支付的价格衡量，完全竞争市场能够带来帕累托最优，效用原则是**成本收益分析**（Cost-Benefit Analysis）方法的基础等。效用原则与管理学和经济学中关于**效率**（Efficiency）的价值判断一致，效率是指利用给定资源获得最大产出或利用最少资源获得要求产出，效用原则要求采取以最低成本产出最大收益的行为，也就是说在效用主义看来正确的伦理行为是效率最高的行为。效用原则也能够有效解释一般的道德准则，比如撒谎使人们不再愿意相信彼此或合作，信任与合作的减少会导致集体福利减少，撒谎让人们付出了代价，违背道德；而诚实则减少了沟通等交易成本，加强了人们之间的信任与合作，从而增加了集体福利，合乎道德。

2. 权利与义务标准

与效用原则相反，权利与义务标准反对以行为的效用来衡量行为的道德价值。在商业伦理所引发的争议中，权利与义务标准发挥着重要作用。

权利（Right）指个人对某事物拥有的资格。资格可能来自法律制度，这些权利被称为**法律权利**（Legal Right）。资格也可能来自道德标准系统，这些权利被称为**道德权利**（Moral Right）或**人类权利**（Human Right）。权利作为一种手段，被用以支持个人自由选择追求特定的利益或参加某种活动，保护个人的选择自由。具体包括不禁止个人追求某些利益或参与某种活动，得到批准或授权去做某事以此保护别人或自己的利益，禁止别人阻碍个人追求某些利益或参与某种活动。其中最重要的道德权利是要求别人不得干涉个人追求某些利益或参与某种活动的权利。道德权利具有如下特征：道德权利和义务是一枚硬币的两面，一个人拥有某项道德权利就意味着他人要对该项权利持有者承担某些义务；道德权利为个人自由追求利益提供了自主权和平等权；道德权利为合理化某些人的行为以及恳求他人的保护或帮助提供了基础。从道德权利的特征可以发现，道德权利从个人角度表达了道德要求，而效用主义从社会整体角度表达了道德要求，道德权利强调个人的权利，不能根据效用原则计算的效用来限制个人权利的实施。

权利与义务理论的代表人物是**德国古典哲学家伊曼努尔·康德**（Immanuel Kant,1724—1804）。康德认为，所有人都拥有某些道德权利与义务，不论履行这些权利与义务是否会为自己和他人提供任何效用。也就是说，每个人都有道德权利获得平等的对待，每个人也有义务平等对待他人。康德的理论基于他称为"绝对命令"的道德原则。之所以称为"绝对命令"，是因为他提出的三个道德原则是所有的人都必须无条件遵守的。遵守"绝对命令"是个体至高无上的、绝对的道德义务。

康德所提出的三个道德原则分别如下。第一，行动的时候，必须考虑是否希望自己的行为准则成为一个普遍的行为准则，如果不愿意就不应当做。例如，想随地吐痰的时候，必须考虑是否也愿意大家都像自己一样随地吐痰，如果不愿意，就不应随地吐痰。你不希望大家做的事，自己也不要做，正所谓"己所不欲，勿施于人"。如果你想救助穷人，你就应考虑是否希望所有人都对穷人施以援手，你当然希望，所以你应义无反顾地去做。如果你想撕毁一份商业合同，你就应考虑是否希望每个人都像自己一样撕毁合同，如果你不希望，你就不应该毁约。这就是判断道德对错的普遍性标准，即个人的行动理由必须能够被所有人接受。第二，行动的时候，要把每个人包括自己当作目的，而不能仅仅当作手段。不能仅把他人当作工具来利用，而是应该把人当作目的。如果一个雇主仅仅把工人当作获取利润的工具，他就是不道德的，因为他仅仅把人当作手段。如果他付给工人他们所应得的工资，关心他们的福利和成长，那么，他就是在把工人当作手段的同时又把他们当作目的，这是合乎道德的。反过来，工人也应该这样对待雇主。如果工人对工作任务的具体内容（包括对身体健康的伤害等）知情，且自愿和理性地接受了这项工作，那么雇主要求他完成这些任务就是道德的。如果工人对这些任务内容不知情，雇主要求他执行任务就是不道德的。同样，签订欺骗性商业合同也是不符合道德的。第三，自主自律的原则，即"自己立法自己遵守"的原则。（这里的"法"泛指一切行为规范，而不仅仅指法律规范。）这也称为**道德判断的可逆性标准**，即个人必须愿意让所有人都使用自己的行动理由，即使行为对象是自己。比如，我们对伤害了他人或打算伤害他人的某个人说"如果他对你那样做，你会怎么样"，这就是在运用可逆性标准。如果某个行为无法通过可逆性标准测试，这个行为就是不道德的。

第二个原则要求每一个有理性的人都要把他人和自己作为目的，于是共同组成了一个"目的王国"。在这个"目的王国"中，由于每个人都是理性的，都是目的，而不仅仅是他人的手段，因此彼此之间是平等的，应该相互尊重，不能把个人确立的规（法）则强加于他人。每个人都应该自主地确立自己的行为准则，并严格地、自觉地遵循，这就是自己立法，自己遵守，也就是可逆性标准。但自己立法，并不是随心所欲地确立自己的行为准则。自己立法要受第一个原则的约束，即当你为自己确立某一行为准则的时候，要考虑你所意欲遵循的行为准则（如"不劳而获"或"勤劳致富"）是否能够成为普遍的行为准则，成为"目的王国"的每个成员的行为准则，也就是普遍性标准。

康德的三个道德原则可以在很多场合合理地解释各种道德现象，但是也面临一些问题。比如，很难判断个人是否把另一个人仅仅当作工具来利用，又如，当人们拥有权利时，如何限制这些权利，这些权利如何与其他的冲突权利相互平衡，这些问题还难以取得一致意见。此外，在普遍性和可逆性的标准方面，有大量反例证明康德的理论有时是错误的。

3. 正义与公平标准

在商业中往往涉及利益分配与成本分担、规则执行与违规处罚、合作与竞争等事宜，在这些相互关系的处理中，一个重要的道德标准是公平与正义。在很多情形下，"正义"与"公平"被认为是同义词。不过，人们对此也常有争议，比如，有人认为正义更重要，有人认为公平更基本。在商业伦理判断中，一般认为正义标准比效用标准更重要，不过正义标准通常不能超越个人的道德权利。在现实生活中，分配领域、处罚领域和补偿领域的正义与公平问题涉及人的根本利益，因此最引人关注。由此可将正义与公平分为三类，**即分配正义、应报正义、补偿正义。**

（1）分配正义。

在资源有限的前提下，当人们对社会的收益和负担提出各种不同的要求，而这些要求不能全部得到满足时，就产生了分配正义的问题。分配正义的基本原则要求平等的人必须得到公平对待，不平等的人必须得到差别对待。在实践中，分配问题涉及人的根本利益，非常敏感复杂，可用一例说明。甲、乙、丙、丁、戊五人共有一块蛋糕，现拟分食之。如何分，须有一个分的根据或原则。甲提出等分；乙提出根据食量大小来分；丙提出按做蛋糕时每人出力大小来分；丁提出做蛋糕时大家都出钱买了原料，应按每人出资多少来分；戊则提出应按级别的高低来分。甲的原则是平均分配；乙的原则是按需分配；丙的原则是按劳分配；丁的原则是按资分配；戊的原则是按等级分配。五个人都一致同意必须根据公平的原则来分配，但对于哪一个原则最公平，五个人各持己见，争论不休。这种原则之争的实质是利益之争，而且往往是不同利益集团之争。主张按出力大小分蛋糕的可能是工人；主张按出资多少分蛋糕的可能是企业主；主张平均分配或按需分配的可能是失业者、残疾人；主张按等级分配的则可能是贵族。上述案例暗示至少有平均主义原则、贡献大小原则、需求和能力原则、自由主义原则等分配原则。究竟哪一种分配原则最正义、最公平呢？

平均主义原则认为，人类在一些基本方面处于平等地位，每个人对社会物品有平等的要求权，因此收益与负担分配的基本原则是：每个人都应该被给予社会或群体收益与负担的平均数。比如，当企业的工作任务要求合作时，工人觉得每个人都应该从工作中获得平等的报酬。很多人认为，平等是社会追求的理想，不平等是社会的缺陷。平等思想推动了取消种族歧视、性别歧视，建立义务教育制度，等等。但是，不得不承认，每个人在能力、智力、美德、需要、欲望和其他身体及心理方面是存在天生差异的，换言之，在这些方面人与人之间是不平等的。而且，分配中的平均主义忽视了每个人在投入、能力和需求方面的差别，这样平均主义原则就可能导致社会生产力和效率的下降。不过，平均主义者认为政治权利和自由不应该分配不均，至少应该坚持政治平等，而在经济平等方面至少应该坚持拥有最低生活标准的权利。

贡献大小原则是基于贡献来进行分配。贡献大小原则要求人们获得的收益应该与他们的贡献的价值成比例。在美国的企业中，制定薪资标准时广泛采用的就是贡献大小原则。当然，分配正义的贡献大小原则面临的主要难题是每个人的贡献价值难以准确衡量，且在具有某些文化传统的国家受到工人阶级的抵抗。

需求和能力原则是基于需求和能力来进行分配。基于需求与能力的正义要求"各尽所能，按需分配"，也就是工作负担应该根据人的能力分配，收益应该根据人的需求分配。在该原则下，工人的投入和薪酬之间不存在直接的联系，在社会财富尚未达到高度充裕的条件下，可能会导致经济停滞和生产力下降。而且，个人从事的职业由能力而非意愿决定，个人得到的商品由需求而非自由选择决定，这样可能出现个人自由被家长式统治替代的情况。

自由主义原则是基于个人的自由选择来进行分配。这个原则认为，如果分配是个人自由决定的，那么收益和负担的任何分配方式都是正义的。但是，不得不注意到，自由主义原则可能会使老弱病残等社会弱势群体受到不公正的对待。

（2）应报正义与补偿正义。

应报正义是指关于惩罚过失者的正义。只有满足以下三个条件时，惩罚过失者才是正义的。第一是被惩罚的人并非无知和无能。也就是说，如果一个人不知道或者不能自由选择自己的行为，那么对他的行为进行惩罚是不公正的。在无知和无能的条件下，人们无法为自己的行为承担道德责任。第二是确信被惩罚的人真的犯有过失。依据不足信或不完整的证据进行惩罚是不正义的。第三是惩罚必须一致且与过失相符合。只有当每个人都因为同样的过失受到同样的惩罚时，惩罚才是一致的；当惩罚的级别不大于过失者造成的伤害时，惩罚才与过失相符合。

补偿正义是指为个人因他人过失而遭受的损失提供补偿的正义。当一个人错误地给另一人造成损失时，过失者有道德义务或法律义务补偿受害者遭受的损失。补偿额应该等于过失者对受害者造成的损失额。如果个人行为是造成伤害的真正原因，个人故意造成了伤害，那么个人有义务补偿受到自己伤害的人。

4. 关怀伦理

假如在现实中有两个人，一个是拯救许多人生命的名医，一个是你身患重病的母亲，两人同时落水，你只能救出其中的一位，请问你如何选择？效用主义者会认为，你有道德义务救医生，从而应该让你的母亲淹死。有人则认为这样做违反了人之常情，是完全错误的。因为你与母亲之间的特殊关系使得你有特殊义务关怀她，这一特殊义务超越了你对陌生人可能负有的义务。这就是**关怀伦理**（ethic of care）的观点。关怀伦理，认为道德的任务不是遵循普遍和公正的道德原则，而是照顾和回应与我们有宝贵及亲密关系的特定人群。关怀伦理强调两个道德要求。第一，每个人都生活在特定的关系网络之中，应该维持和培养与特定个人和群体的具体且宝贵的关系。比如，需要别人在我出生时养育我、关怀我，如父母；需要别人在我成长时教育我、关心我，如老师；需要别人在我成熟时作为朋友或爱人来关怀我，如妻子或丈夫或同学；需要和别人一起生活在具有相同语言、传统、文化和类似利益的团体中，如老乡、战友等。这些特殊关系定义了一个人的自我认知。第二，每个人应该对那些与其有特殊关系的人给予特殊关怀，照顾他们，积极回应他们的需求，尤其是当他们处于弱势时。运用关怀伦理进行决策时，需要特别注意两点。第一，在社会关系中，并非所有的关系都具有价值，因此并不是所有的关系都会产生关怀的需求。比如，以非正义、剥削或伤害别人为特征的关系就缺乏关怀伦理要求的价值。第二，关怀需求与正义要求有时会产生矛盾，出现关怀需求超越正义义务或者正义义务超越关怀需求的情况。处理这一矛盾的基本原则是视具体情况而定，比如在存在制度性义务的情况下，一般应该首先选择制度性义务而非关怀需求；在关怀需求重于制度性义务的情况下，则需要先解除制度性义务，然后再实施关怀。关怀伦理也受到人们的指责，比如在极端情况下关怀伦理可能导致出现偏袒而有失公正，也可能由于过度牺牲自己的福利和精力来关怀别人致使自己不堪重负而不幸福。

5. 道德评价标准的选择

前述效用、权利、正义和关怀四项道德标准是商业实践中进行道德评价的思考基础。在现实生活中，当资源有限时，为了避免资源浪费，一般会运用效用标准进行道德评价；当某项决策会影响他人的权利时，一般会运用权利与义务标准；当某项决策会导致不同的分配结果时，一般会运用正义与公平标准；当某项决策涉及人际关系时，一般会运用关怀标准。

值得注意的是，运用单一的标准是有局限性的。比如，效用标准考虑了社会总体福利，却忽视了公平（福利分配方式）和权利（个人的道德诉求）；权利标准考虑了个人权利，却忽视了社会总体福利（效用）和分配（正义与公平）；正义标准考虑了分配问题，却忽视了社会总体福利（效用）和个人本身（权利）；关怀标准考虑了对亲近之人的照顾，却忽视了正义的要求。

因此，在做出某一商业伦理决策时，理想的做法是对四项标准都予以考虑。也就是做任何一项决策，都要思考该决策带来的四个方面的问题：第一是效用方面的问题，即是否达到效益最大、伤害最小；第二是权利方面的问题，即是否符合受影响之人的道德权利；第三是正义方面的问题，即是否做到了效益与负担的公正分配；第四是关怀需求的问题，即是否适当关怀了亲近之人。

可见，商业伦理的评价中还存在很多主观成分。为此，伦理学界构建了一个解决道德两难问题的框架，以识别道德问题，并用当事人自己的价值标准来确定如何采取正确的行动。具体包括六个步骤：第一，确定目前所面临的具体问题及相关事实是什么；第二，确定这些问题及相关事实所涉及的道德问题是什么；第三，确定哪些人或哪些群体将受到道德两难问题结果的影响以及受到的影响具体是什么；第四，确定这些人或群体解决该道德两难问题的方法有哪些；第五，确定每一种方法所产生的后果是什么；第六，确定哪一行动最为恰当并采取该行动。

商业伦理的四个理论

常见的商业伦理理论基础有如下几种。

1. 冰山理论（二因子理论）

冰山理论最早由**心理学家弗洛伊德**于 1895 年提出，他认为人的行为只有很少一部分受到意识的支配，大部分难以由意识解释的行为受到潜意识的支配。潜意识就像冰山隐藏在海平面以下的部分，虽难以观察，但起到相当重要的基础性作用。会计学者基于会计舞弊行为主观性、隐蔽性的特点，很早就借用这一理论解释会计舞弊行为发生的机理。Bologna and Lindquist（1987）将舞弊形容为冰山，表现为显性和隐性两部分，前者是由组织方面决定的可观察因素（如内部控制、公司治理、关键业绩、竞争压力等）；后者则是由管理者主观方面决定的不可观察因素（如认知道德、管理理念、文化价值观、情感态度等），且后者对舞弊行为的发生具有更加基础和根本性的作用。因此，会计舞弊治理更重要的是充分关注管理者个人主观因素所导致的舞弊风险。

2. 三角理论（三因子理论）

犯罪学的三角理论由**美国的犯罪学家 Donald R. Cressey** 于 1953 年提出，他从 1950 年开始对 250 个因贪污或挪用公款而被指控的罪犯进行调查访谈。结果发现，这些罪犯具有三方面的共同特点：首先，存在一个无法通过正常的收入渠道得到满足的隐秘的财务需求；其次，存在一个不被监管者发现的"良机"，违规行为容易隐瞒；最后，在道德层面都能找到一个自我说服的理由。Steve Albrecht 于 20 世纪 80 年代早期将 Cressey（1953）的这一发现从犯罪学研究领域引入会计研究领域，推动了会计舞弊理论研究的发展，该发现被后来的学者大量运用，并因其经典架构而被美国注册会计师协会（AICPA）的**舞弊审计准则**（SAS no. 99）采纳，用以指导审计师对舞弊风险的识别和评价。Albrecht 等提出的舞弊的三角理论认为，导致会计舞弊行为发生的三个因素是：**压力（pressure）、机会（opportunity）、自我合理化借口（rationalization）**。

三角理论认为，导致会计舞弊行为发生的这三个因素相互作用，缺一不可。压力是促使行为主体产生舞弊需要的因素，一般来源于过高的经营或财务指标的期望值，或是为获取非正常的自身利益，这对于行为主体来说是一种负担。压力主要包括四大类：经济方面的压力、与工作相关的压力、自身癖好导致的压力和其他压力。机会是舞弊行为顺利进行的外在环境和条件，它能够增加会计舞弊行为的可行性，同时又使舞弊不易被发现。自我合理化借口则是某种会计舞弊行为的合理化理由，舞弊行为合理化与一个人的道德品质密切相关，对舞弊主体而言是一种心理因素。人们往往会采取与自身道德评判标准相符的行为，不屑和鄙视不符合其自身道德评判标准的行为。因此，舞弊者通常有歪曲的道德评判标准，个人已经为自身违背道德规范找到了合理化的理由，在不良道德观念和行为准则的推动下，舞弊已然成为一种符合其价值标准的行为。

3.GONE 理论（四因子理论）

Bologna et al.（1993）提出舞弊行为由四个因子构成：**贪婪（Greed）、机会（Opportunity）、需要（Need）、暴露（Exposure）**。其中，贪婪和需要是舞弊者认为无法通过正常的收入渠道得到满足的一种心理特征和需求，机会是指舞弊者捕捉到实施舞弊行为而不被发现的概率，暴露是指舞弊行为实施以后被发现的可能性。显然，舞弊四因子理论中的贪婪和需要是从舞弊者自身的角度对舞弊"必要性"的考虑，而机会和暴露是从外部角度对舞弊被发现后果的考虑，四因子理论是对舞弊三角理论的继承和发扬。四因子理论实质上表明了会计舞弊行为产生的四个条件，舞弊者有贪婪之心又十分需要钱财、"尊严"时，只要有机会并认为事后不会被发现，他就一定会进行舞弊。因此，在贪婪、机会、需要和暴露四因子共同作用的特定环境中，可能会滋生舞弊。

Bologna and Lindquist（1995）在四因子理论基础上提出了舞弊风险因子理论，这是对四因子理论的一种延伸。该理论认为，舞弊是由于舞弊风险因子的存在而产生的，按照能否被外部环境控制的标准，可以将舞弊风险因子划分为个别风险因子和一般风险因子两大类。个别风险因子是从舞弊者层面而言的，如舞弊动机（压力）、情绪情感、道德品质等；一般风险因子是从组织层面而言的，如舞弊机会、被发现的概率、舞弊后果等。当舞弊者判定结合在一起的两个风险因子对自己有利时，便会实施舞弊行为。

4. 菱形理论

Wolfe and Hermanson（2004）在舞弊三角理论的基础上进一步拓展得到舞弊的菱形理论，增加了舞弊能力因素。他们的研究发现，即使行为人感知到压力且存在"较好"的舞弊机会，也有似乎"合理"的借口，但如果行为人估计自身能力不足以隐蔽地实施舞弊而不被发现，舞弊行为仍然不会发生。换言之，菱形理论强调付诸实施的个人特质和能力对舞弊行为的发生起到重要作用。Wolfe and Hermanson（2004）归纳了一些典型的舞弊能力特质：关键人物所在岗位使其能够发现别人不能发现的舞弊机会；关键人物足够聪明，能够发现内部控制系统的缺陷；关键人物十分自负或自信，相信自己可以轻易掩盖舞弊行为并顺利逃脱法律制裁；得逞的舞弊者具备胁迫他人舞弊或帮其掩盖舞弊行为的能力；得逞的舞弊者善于撒谎并能够"始终坚持"；得逞的舞弊者善于应付和化解压力。

会计职业道德决策

如何理解会计职业道德

自美国财务会计准则委员会（FASB）于 1976 年开创了概念框架这一经典理论以来，概念框架法逐步成为会计职业各项准则的制定标准，会计职业道德守则亦是如此制定的。在本质上，概念框架法隐含了**原则导向**（principles-based）思想，概念框架法倡导原则导向的职业道德守则，它有利于将各项基本原则逻辑一致地运用于具体规则，且在具体规则无法渗透的领域通过概念框架的应用来指导基本原则在这些领域适用。为此，本节将主要对会计职业道德概念框架的基本作用及其构成要素加以介绍。

会计职业道德概念框架的基本作用

会计职业道德概念框架的主要目的在于指导会计职业道德基本原则的应用，为会计师解决职业道德困境问题提供总体思路和方法，也是会计职业道德守则本身演绎、推导与制定的理论基础与逻辑指南。如前所述，职业道德概念框架法实际上隐含了原则导向的理念，其优势在于有利于将职业道德基本原则一以贯之地应用于各种不同的或无法预知的道德抉择情景，并有助于形成首尾连贯、逻辑一致的职业道德规则（准则）。

Heath（2007）指出，**规则导向（Rules-based）**的职业道德守则会导致存在许多"在规则上没有被禁止但并非允许的行为"，这种行为没有违反条条框框的规则，但违反了规则背后的职业精神（原则）。概念框架法所推动的以原则导向（Principles-based）为基础的职业道德守则具有更强的对未来市场环境变革的适应性，与规则导向的职业道德守则相比，原则导向的职业道德守则具有更强的普适性，并可大幅度减少冗长的规则设定。

会计职业道德概念框架的构成

当职业会计师遇到一些可能会对其遵循职业道德基本原则产生不利影响的情形（如职业活动、利益和关系）时，职业道德概念框架旨在帮助会计师应对这些不利影响，并适用于所有情形。国际会计师联合会（IFAC）（2019）发布的《国际会计师职业道德守则》将会计职业道德概念框架所包含的概念要素分为两部分，即适用于所有会计师的核心概念和针对注册会计师的专门概念。中国注册会计师协会（CICPA）印发了《中国注册会计师职业道德守则（2020）》和《中国注册会计师协会非执业会员职业道德守则（2020）》，其中就包含了《中国注册会计师职业道德守则第 2号——职业道德概念框架》。

1. 适用于所有会计师的核心概念

IFAC（2019）和中国注册会计师协会（CICPA）（2020）的概念框架中，适用于所有职业会计师的包括以下三个核心概念：**识别不利影响、评价不利影响与应对不利影响**。

（1）识别不利影响。

多种因素可能会对会计师对职业道德基本原则的遵循产生不利影响，会计师应当运用职业判断，识别特定情形是否对遵循职业道德基本原则产生不利影响以及产生这些不利影响的因素。**IFAC（2019）和 CICPA（2020）**均将可能对职业道德基本原则的遵循产生不利影响的因素分为以下五种基本类型：**自身利益（Self-interest）；自我评价（Self-review）；过度推介（Advocacy）；密切关系（Familiarity）；外在压力（Intimidation）**。

（2）评价不利影响。

在运用职业道德概念框架时，会计师应当运用职业判断。如果发现存在可能违反职业道德基本原则的情形，会计师应当从性质和数量两个方面评价其不利影响的严重程度。

（3）应对不利影响。

如果认为对遵循职业道德基本原则的不利影响超出可接受的水平，职业会计师应当确定是否能够采取措施消除不利影响或将其降低至可接受的水平。在运用职业道德概念框架时，如果某些不利影响是重大的，或者合理的防范措施不可行或无法实施，会计师可能面临不能消除不利影响或将其降至可接受水平的情形。如果无法采取适当的防范措施，会计师应当拒绝或终止所从事的特定专业服务，必要时与客户解除合约关系，或从其工作单位辞职。

从上述三个适用于所有会计师的核心概念可以看出，职业道德概念框架还隐含着深刻的**风险导向（Risk-oriented）逻辑**，即要求会计师以"可能影响基本原则得到有效遵循的潜在风险"为主线，对这些潜在风险进行识别、评估与应对。同时，在操作层面上，职业道德概念框架又体现了**"防护法"**（Safeguards Approach）的思维，即会计师应用概念框架的目的是寻找有效的防护措施，以消除不利影响或将其降低至可接受的水平。总而言之，原则导向思想、风险导向逻辑和防护法思维是职业道德概念框架的三大显著特征。

2. 针对注册会计师的专门概念

需要特别指出的是，IFAC（2019）将独立性与职业怀疑这两个概念，作为针对注册会计师的专门概念纳入职业道德概念框架；而CICPA（2020）则将独立性作为一项单独的职业道德基本原则，并在**《中国注册会计师职业道德守则第1号——职业道德基本原则》**中讨论职业怀疑这一概念与职业道德基本原则的关系，即CICPA未将独立性和职业怀疑这两个概念作为其概念框架的组成要素。

（1）独立性（Independence）。

IFAC（2019）要求，注册会计师在计划和执行审计、审阅和其他鉴证业务时应遵循独立性准则的要求。IFAC（2019）认为，独立性是与诚信和客观公正这两项职业道德基本原则内在关联且高度一致的。

IFAC（2019）指出，独立性包括两个方面：①精神独立性（Independence of Mind），即注册会计师在形成结论的时候可以不受干扰地进行职业判断，使其得以按诚信、客观公正和保持职业怀疑的方式行事；②形式上的独立性（Independence in Appearance），即在一个理性且知情的第三方看来，会计师事务所或审计等鉴证项目团队的成员能保持诚信、客观公正和职业怀疑的态度。

此外，IFAC（2019）还指出，上述概念框架不仅可以用来识别、评价和应对对基本原则的遵循产生不利影响的情形，也完全可以用来识别、评价和应对对独立性要求的遵循产生不利影响的情形，且对遵循基本原则产生不利影响的情形类别与对遵循独立性要求产生不利影响的情形类别是完全一致的。这表明，独立性要求本质上是诚信、客观公正等会计职业道德基本原则在注册会计师身上的一种具体表现形式，即遵循与维持职业道德基本原则自然就能够保证注册会计师的独立性。

（2）职业怀疑（Professional Skepticism）。

IFAC（2019）要求，注册会计师在计划和执行审计、审阅和其他鉴证业务时应当保持职业怀疑。IFAC 认为，职业怀疑是与职业道德的五项基本原则高度关联且内在一致的。

在财务报表审计中，遵循职业道德基本原则与保持职业怀疑是内在一致或相互促进的。比如，诚信原则要求注册会计师保持正直、诚实守信，注册会计师可以通过下列方式增进对诚信原则的遵循：①在对客户选择的立场提出质疑时保持正直、诚实守信；②当对可能包含严重虚假或误导性的某项陈述存有疑虑时，对不一致的信息进一步调查并寻求进一步审计证据，以就具体情况下需要采取的恰当措施作出明智决策。同时，上述做法又使得注册会计师能够对审计证据进行审慎评价，有助于其更好地实施职业怀疑。

会计职业道德的五个原则

会计职业道德具体包括五个原则：诚信原则、客观公正原则、专业胜任能力与勤勉尽责原则、保密原则以及良好职业行为原则。这五个原则同等重要，缺一不可。

诚信原则及其应用

1. 基本内涵

诚信是我国社会主义核心价值观的重要组成部分，也是一切商业活动的基本行为准则。诚，即真诚、诚实，强调的是个人内心信念的真诚，是一种品行和美德；信，即信任、信用和守信，是"诚"这种内在品德的外在显现，是一种责任、义务和规范。诚信作为一种道德原则，它要求人们以求真务实和知行合一的态度对待各项工作。

诚信：中国社会主义核心价值观的重要组成部分

2012 年 11 月，党的十八大正式提出，要"倡导富强、民主、文明、和谐，倡导自由、平等、公正、法治，倡导爱国、敬业、诚信、友善，积极培育和践行社会主义核心价值观"，分别从国家、社会和个人三个层面高度概括和提炼出社会主义核心价值观的基本内容。2013 年 12 月，中共中央办公厅印发了《关于培育和践行社会主义核心价值观的意见》，就培育和践行社会主义核心价值观的重要意义、指导思想、基本原则、主要要求、具体措施以及组织领导做出全面的战略部署。

可见，党的十八大以来，以习近平同志为核心的党中央从建设社会主义文化强国的战略高度，不断推进社会主义核心价值体系建设，大力培育和践行社会主义核心价值观，更好地构筑起中国精神、中国价值、中国力量，为中国特色社会主义事业提供源源不断的精神动力和道德滋养。

诚信的道德评价既可以是效用主义标准，也可以是权利与义务标准，前者视诚信为价值实现的必备手段，后者则视诚信为应尽的义务和内在的要求。此外，诚信还可以用美德伦理学的标准加以评判——诚信是一种理性的美德。因此，诚信不仅是一种内在的精神和价值，而且是一种外在的声誉和资源；诚信是道义的化身，也是功利的源泉。

诚信之道德选择的效用主义：亚当·斯密的观点

亚当·斯密（Adam Smith,1723—1790）在《国富论》中对诚信原则的效用主义做过精彩的描述。

一旦商业在一个国家繁荣起来，它就会带来诚实、守信的习惯。在一个未开化的国家里，根本就不会存在这一类美德。在欧洲各国中，荷兰人最精于生意，也最信守诺言。在这方面，英格兰人虽强于苏格兰人，却比荷兰人差；即便在荷兰，居于偏僻之地的人明显不如商业发达地区的人。这种道德上的差异绝不能归因于国民性之类的借口。

这几乎完全可归因于人们的自身利益这一普遍原则的作用，该原则约束着每一个人的行为，并促使人们基于亚当·斯密利害相权的立场而采取某种行为方式。荷兰人和英格兰人都有这种心理。商人最怕失信于人，所以总是小心翼翼地按照契约来履行所承担的义务。例如，每天大致要与他人签订 20 个合同的商人，绝对不会为了获得好处而欺骗邻居，因为哄骗他人一次容易，可是一旦败露，他将会失去更多利益。但是，只偶尔相互打交道的人却会经常施诈以牟利，因为在这种情况下，只要计谋成功，他所得到的利益可能大于因名誉遭到破坏而造成的损失。

2. 原则应用

诚信（Integrity）通常包含讲真话（Truth Telling）、诚实（Honesty）和公正公允（Fairness）等道德要素（Lynee McFall，1987）。 对会计职业而言，诚信所包含的道德内涵与会计职业的关键责任义务和会计信息的核心质量特征高度相关，如**会计信息的真实、忠诚反映（Truth and Faithfully Representation），财务报表的公允性（Fairness of Financial Statements），会计信息可验证性（Verifiability）。** 正因为如此，诚信是会计职业的基石，它成为会计职业道德首要的基本原则。

诚信原则要求会计师在所有的职业活动中保持正直、诚实守信，并以公众利益为重。由于会计信息的**公共物品属性（Public Goods Attribute），** 职业会计师的诚信原则隐含了公众利益导向，即当公众利益与客户或雇主利益发生冲突时，应以公众利益作为是非的判断标准；当公众利益、客户或雇主利益与会计师自身利益发生冲突时，也应以公众利益为重。唯有如此，才能促进会计职业的发展和其社会地位的提高，并赢得良好的职业声誉。

IFAC（2019）及CICPA（2020）的职业道德守则 均指出，维护公众利益是会计行业的宗旨。公众不仅包括职业会计师服务的客户，也包括广大投资者、债权人、政府机构、社会公众等其他可能依赖会计师提供的信息以做出相关决策的组织或人员。这种依赖赋予会计师维护公众利益的责任。从这个意义上说，公众利益可以定义为可能依赖或潜在依赖会计师工作的所有组织或人员的整体利益。

诚信原则容许会计师无意的差错和不同的诚实观点，但不允许欺骗和对原则妥协。诚信原则要求职业会计师以正当和公正作为职业行为选择的依据。在缺少具体准则、规则或指南时，或遇到观点上的冲突时，职业会计师应自问："我所做的是一个诚信的会计师应当做的吗？我保持了诚信吗？"进而验证自己的决策和行为。诚信原则要求会计师在形式上和实质上如实地遵循各项技术标准和道德准则。诚信原则以社会公众（广义客户）为优先对象正是道德评价标准的正义与公平观的体现。这一标准直接导致在法律上职业会计师需要对不存在合约关系的潜在的**"第三方"**（Third Parties）负责，包括已预见的第三方（Foreseen Third Parties）和可合理预见的第三方（Reasonably Foreseeable Third Parties），而不仅仅是对委托人（即合约方，Parties of Contract）负责。从最近几十年全球大部分国家会计师法律责任的演变看，第三方的范围呈现不断扩大的趋势。

IFAC（2019）及 CICPA（2020）的职业道德守则均规定，基于诚信原则，会计师如果认为业务报告、申报资料、沟通函件或其他方面的信息存在下列问题，则不得与这些有问题的信息发生关联：①含有严重虚假性或误导性的陈述或信息；②含有缺乏充分根据的陈述或信息；③存在遗漏或含糊其词的信息，而这种遗漏或含糊其词可能会产生误导。会计师如果注意到已与有问题的信息发生关联，应当采取措施消除关联。针对上述情形，如果会计师按照职业准则的规定出具了恰当的业务报告（例如，在审计业务中，出具恰当的非无保留意见审计报告），则不视为违反诚信原则。

此外，我国财政部非常重视会计诚信建设，建立健全会计人员守信联合激励和失信联合惩戒机制，推动会计行业进一步提高诚信水平。2018 年 4 月，财政部根据《会计法》的规定和 2014 年《国务院关于印发社会信用体系建设规划纲要（2014—2020 年）的通知》、2016 年《国务院办公厅关于加强个人诚信体系建设的指导意见》、2016 年《国务院关于建立完善守信联合激励和失信联合惩戒制度加快推进社会诚信建设的指导意见》等法律法规和文件的精神，制定发布了《**关于加强会计人员诚信建设的指导意见**》。

谎言是对诚信原则的最大背叛：B 公司神话破灭

B 公司自 2012 年 3 月上市以来，一直保持着很高的增长速度，其股价涨幅惊人，最高市值达 1500 亿元左右，曾被誉为 A 股资本市场的一个高增长神话。然而，2018 年，B 公司神话破灭，市值跌去 90% 以上。

谎言之一：不存在的 300 亿元货币资金。B 公司通过使用虚假银行单据虚增存款、伪造业务凭证进行收入造假等手段来粉饰财报。经调查，B

公司 2017 年财报中虚增货币资金余额高达史无前例的 300 亿元。

谎言之二：不存在的土地……

谎言之三：注水的项目……

谎言之四：隐瞒地产关联交易，虚增无形资产……

谎言之 X：……

当你试图将 B 公司 300 亿元虚假的货币资金往它的资产负债表、利润表和现金流量表的潜在舞弊账户分摊时，这部谎话连篇的"舞弊小说"该有多么"精彩绝伦"……有限的篇幅难以诉说惊天的谎言，谎言是对诚信原则的最大背叛！

客观公正原则及其应用

"迁就"是好性格吗

成立于 1959 年的美国巨人零售公司（以下简称"巨人"），总部设立在马萨诸塞州。1972 年，巨人遭受了第一次重大的经营损失。为了掩盖这一真相，他们决定篡改公司的会计记录，把 1972 年发生的 250 万美元经营损失篡改为 150 万美元收益，从而提高与之有关的资金流动比率和周转率。1972 年 8 月，巨人零售公司利用罗丝会计师事务所签发的无保留审计意见书，出售了大约 300 万美元的普通股，并获得了 1200 万美元的贷款。但在 1973 年的新闻发布会上，巨人总裁宣布：公司发现潜在的簿记错误。大约一个月后，罗丝会计师事务所撤回了 1972 年签发的无保留审计意见书。1975 年，法院宣布巨人破产。

1979 年 1 月，美国证券交易委员会（SEC）发布了巨人舞弊案件最终的调查报告。根据调查结果，SEC 在联邦法院处理此案之前，暂停负责该公司审计业务的合伙人执业 5 个月。SEC 同时要求由陪审员中的一位独立专家对罗丝会计师事务所的审计程序进行一次大规模的检查。检查发现，罗丝会计师事务所在执业过程中没有保持客观公正的立场，在客户面前委曲求全，满足巨人种种苛刻要求。比如，罗丝会计师事务所为了调查 17.7

万美元的差价退款问题，从巨人提供的名单中随意抽取一些供应商，给他们打电话求证进价过高是否真实。在 15 个电话求证过程中，审计师居然允许巨人先同供应商联系并通知此事，随后审计师才与供应商通话。其中有 3 个供应商在被巨人说服后，向事务所提供了假证明。又如，巨人要求事务所选用某位审计合伙人，威胁要把这位助理审计人员赶出事务所，并且用污秽的言语辱骂这位助理审计人员。另外，事务所负责审计的合伙人和帮助开展审计业务的另一位合伙人在对一些重要的技术性问题持有异议时，总是过度向客户妥协。其中某些审计判断就是通过条件交换和讨价还价得到的。1972 年 4 月，每当事务所的两位合伙人和巨人的管理部门召开会议时，这种讨价还价的商议表现得非常明显。会议的目的是对在审计过程中发现的几个可疑问题进行最后的裁决。在会议中，巨人的人不停地用微型计算器计算每股收益，只要结果达到预期的目标，巨人便停止对这个问题的讨论。正是由于罗丝会计师事务所在客户的压力面前不能保证客观公正的立场，事事迁就，最后铸成大错，受到 SEC 的严惩。

该例表明，**职业会计师需秉承客观公正（Objectivity）**的原则，不能迁就客户的无礼要求。在会计师提供专业服务时，对客户迁就或偏袒会对其他利益相关者（尤其是社会公众）的利益造成损害。要使相关各方的利益不会因会计师提供的专业服务而受损，根本前提是，会计师必须遵循客观公正、不偏不倚的基本原则。为此，本小节将对客观公正这个会计职业道德基本原则的基本内涵及应用加以阐述。

1. 基本内涵

客观公正原则包含客观和公正两个紧密关联的要素。客观指看待事物的一种态度或事物本来的自然状态，即不以特定的角度去看待事物，强调以事物本身的属性为标准，而不以人的意志为转移。在哲学上，客观性是指一个事物不受主观思想或意识影响而独立存在的性质，从而能保持其真实性。公正就是公平正直，没有偏颇，平等对待各方。可见，对于职业会计师而言，客观公正的基本内涵是：坚持客观立场，忠于事实真相，实现公平公正（包括程序公平与结果公平）。其中，坚持客观立场是基石，忠于事实真相是核心，实现公平公正是目的。简而言之，客观公正就是实事求是。

从历史角度看，职业会计师客观公正原则的形成源于这一概念在法律制度上悠久的实践。客观公正这一原则在法律制度上源远流长，如检察官履行客观义务是检察制度的基本要求。**朱孝清（2009）** 指出，检察官客观公正义务又称检察官客观义务、检察官客观性义务、检察官客观公正原则，它是指检察官为了实现司法公正，在刑事诉讼中不应站在当事人立场，而应站在客观立场上进行活动，努力发现并尊重案件事实真相。检察官客观公正义务是世界不同国家和地区普遍接受、国际准则确认的一项重要法律制度，也是检察官最重要的行为准则。而会计职业界基于公众利益导向，较为完整地吸收了司法领域长期实践的这一原则的主要内涵与观念。

2. 原则应用

对于会计职业而言，客观公正原则所包含的道德内涵与会计职业的关键责任义务和会计信息的核心质量特征高度相关。客观公正原则要求会计师必须以实际发生的经济活动为依据，对会计事项进行确认、计量、记录和报告，以达到会计信息的**可靠性（Reliability）**。同时，在履行职业义务时，必须摒弃单位、个人私利，公平公正、不偏不倚地对待相关利益方，以达到信息的**中立性（Neutrality）**。中立性是判断会计师是否正确选择会计政策的重要标准，如果会计信息没有偏向某一特定利益方的利益，会计师的立场就是中立的。

客观公正原则对会计师行为的规范主要表现在对**职业判断（Professional Judgement）** 的约束上。IFAC（2019）及 CICPA（2020）的职业道德守则规定：①会计师应当遵循客观公正原则，公正处事，实事求是，不得由于偏见、利益冲突或他人的不当影响而损害自己的职业判断；②如果存在可能导致职业判断出现偏差，或对职业判断产生不当影响的情形，会计师不得从事与之相关的专业活动。

可见，客观公正原则主要是通过使会计师免于某一方或多方的压力来提升其职业判断的准确性和会计政策选择的中立性，进而提高其专业服务的质量和公平性。根据本书所述的商业伦理的道德评判标准，会计职业对客观公正原则的选择体现的是公平与正义的道德评判标准。

因对赌而舞弊：大股东眼里的"好会计师"

2019 年 6 月，证监会的一纸行政处罚决定书揭开了 C 公司的一场造假大戏，其背后的动机竟是为了完成"对赌业绩"。2013 年—2015 年，D 合伙企业、E 国际投资咨询有限公司、F 投资有限责任公司、G 资产管理有限公司、H 自然人等以增资控股的形式合计持有 C 公司 7.24% 的股份，并与 C 公司控股股东及董事长 L 签了对赌协议。协议规定，若 C 公司净利润未达到协议约定的金额，控股股东需向投资方无偿转让其持有的股份。于是，C 公司的"舞弊大戏"拉开了序幕。

证监会的处罚公告显示，C 公司通过伪造与收入相关的银行收款等方式，虚增主营业务收入近 7.3 亿元，占公开披露金额的比例高达 53.03%。更甚之，公司还建立了造假工作指南，并形成了长期、系统的造假账务处理及考核流程。C 公司控股股东根据对赌协议上的业绩确定需要虚增的业绩，财务部门继而根据虚增目标进行造假，公司甚至按月对财务人员造假完成情况进行考核。为 C 公司新三板挂牌申报进行审计的 I 会计师事务所及签字注册会计师，也因出具无保留意见的审计报告而受到了证监会的处罚。

可见，C 公司的会计师与审计师出于对控股股东利益的考量，将客观公正的道德原则置于脑后，他们无疑是大股东眼中的"好会计师"，却极大地损害了其他投资人的利益。

专业胜任能力与勤勉尽责原则及其应用

会计何以为"师"

1896 年，纽约州成为美国首个实行 CPA（Certified Public Accountant）注册制的州，注册会计师（CPA）也是纽约州第 4 个官方注册的职业。注册需要通过一些课程的考试，包括会计理论与实务、审计和商法，由此诞生了美国 CPA 考试制度之雏形。随后，其他各州纷纷效仿。截至 1915 年，美国只剩 9 个州尚未颁布相关的法律。尽管各州的法律不尽相同，但在三个方面却高度统一，即明确 CPA 头衔、建立 CPA 考试制度和禁止他人使用 CPA 头衔。

伴随着各州之间商业活动的增多，分州考试的弊端日益彰显。各州考试的内容标准不同，进而成为 CPA 跨州执业的障碍。1917 年 6 月，AICPA 组织了第一次 CPA 全国统考。当时，称全国统考实属名不副实，因为只有来自新罕布什尔、堪萨斯和俄勒冈 3 个州的 250 名考生参加了考试。但是，这次考试的意义却不容低估，它展示了一种新的更公平的 CPA 考试制度。直到 1952 车，美国各州才全部采纳了 AICPA 考试，使全国统考名副其实，方便了 CPA 的跨州执业，提高了 CPA 的公众形象。

在美国早期的职业会计师中，一位杰出的代表是**蒙哥马利**（Robert Hiester Montgomery，1872—1953）。蒙哥马利于 1898 年同其他三位会计师在宾夕法尼亚州费城合伙设立了一家会计师事务所，即**永道公司**（Coopers&Lybrand）的前身。如前所述，1896 年纽约州率先颁布注册会计师法之后，宾夕法尼亚州也紧跟着于 1899 年成为第 2 个颁布注册会计师法的州。蒙哥马利获得了 CPA 资格，还于 1900 年获得律师资格，从而以双重执业资格向客户同时提供会计和法律服务。一般认为，蒙哥马利对美国会计职业的杰出贡献可概括为二：第一，他对 AICPA 早期的健康发展起到了中流砥柱的作用；第二，他是审计理论和税收理论的奠基者之一。《蒙哥马利审计学》是其杰出的传世之作，也是美国历史上第一本审计学著作，被誉为西方审计学"圣经"。他也是 1950 年首批入选美国会计名人堂的三位泰斗之一。

上述案例表明，丰富的学识、专业胜任能力是从事会计职业的必备前提。社会需求是会计职业的必要而非充分条件，只有当会计师能运用其专业知识高标准地满足社会的需求，**会计职业**（Accounting Profession）才能得到社会的认可。然而，**专业胜任能力（Professional Competence）**只为会计师从事高质量的职业服务提供了客观上的可能性，只有再辅之以主观上的**勤勉尽责（Due Care or Diligence）**才能使高质量的会计职业服务成为现实。为此，本小节将对专业胜任能力与勤勉尽责这一会计职业道德基本原则的基本内涵及其应用加以阐述。

1. 基本内涵

通常而言，专业胜任能力，是指会计师按照既定的标准履行工作职责所应具备的基本知识、专业技能及相关的管理能力与职业价值观。为使会计师保持充分的专业胜任能力，在不同的历史阶段，世界各国的会计职业团体或管制机构通常会对不同类型的会计师制定分门别类的会计师能力框架，并不断更新。

比如，1993 年，澳大利亚特许会计师协会（ICAA）、澳大利亚注册会计师协会（ASCPA）与新西兰特许会计师协会（NZICA）联合发布了《澳大利亚和新西兰职业会计师基于胜任能力的标准》；美国注册会计师协会（AICPA）分别于 1967 年和 1999 年发布了《职业知识框架》和《进入会计职业的核心胜任能力框架》；1998 年，英国特许会计师公会（ACCA）发布了《职能图：胜任能力框架与会员胜任能力》；2000 年，加拿大注册会计师协会（CGA）发布了《加拿大注册会计师职业胜任能力框架》；2003 年，国际会计师联合会（IFAC）发布了《成为胜任的职业会计师》；2007 年，中国注册会计师协会（CICPA）发布了《中国注册会计师胜任能力指南》；2014 年，英国特许管理会计师公会（CIMA）和美国注册会计师协会（AICPA）联合发布了《全球特许管理会计师职业能力框架》；2019 年，中国总会计师协会发布了《中国管理会计职业能力框架》。

目前，世界各国的会计职业团体在制定会计师能力框架时，大多采用了国际会计师联合会（IFAC）所倡导的基于胜任能力的方法（Competence-based Approach），并以 IFAC 的体系与标准作为参照。IFAC（2003）将专业胜任能力分为职业能力和能力投入，前者指在真实工作环境下按照既定标准履行其职责的能力，而后者包括职业知识、职业技能以及职业价值观等。其中，职业知识又包括一般知识、会计与相关知识、信息技术知识、组织与经营知识；职业技能通常是通过教育与经验获得的，包括智力技能、人际关系技能、交流技能；职业价值观则包括保持公正、客观、独立，遵照职业准则，关注公众利益和承担社会责任，致力于终身学习等。简而言之，会计师的专业胜任能力是教育、职业经验和持续学习的综合结果。

勤勉尽责，又称应有的职业关注或应有的职业谨慎，它是会计执业过程中非常重要的一个基本原则，也是在审计准则和司法判决中常见的关键术语与标准。但其准确的含义至今仍存在争议，应有的职业关注这一概念最早源于法庭的判决。英国"Cooleyon Tort"一案的法庭判决中，法官认为，应有的职业关注（勤勉尽责）包含：①拥有与其提供的服务相适应的技能；②要小心谨慎地运用其技能；③保证忠诚和公正。因此，业界一般认为，应有的职业关注是指会计师应持有慎重的实务观念，理智地运用其拥有的知识，认识并适当注意总结自己的经验，做出相当社会合理期望水平的判断。通常而言，应有的职业关注（勤勉尽责）可以分为两部分：①对人的标准，即要求会计师树立慎重勤勉的实务观念；②对事的标准，即要求会计师在不同的情况下确立职业服务应关注的重点。

签字会计师"签字"就可以吗

2019 年 12 月，深圳证监局发布了一则对 A 会计师事务所（特殊普通合伙）及其审计报告上签字注册会计师韩某、吴某出具警示函的决定书。决定书指出，该事务所在对深圳海斯迪能源科技股份有限公司年报进行审计时，多项审计程序执行不到位。更令人惊讶的是，其签字注册会计师竟未实际参与审计工作，也未见二人的分工和参与工作情况，审计工作底稿中无二人的底稿复核记录，亦无项目组讨论记录。

决定书指出，签字注册会计师吴某仅在业务承接报备表中签字，签字注册会计师韩某则忘记在业务承接报备表中签字。此外，在 2017 年年报审计工作底稿的业务承接评价表、独立性调查问卷、独立性声明、审计计划、审计策略和审计总结、重要性标注评价表、项目组其他成员完成工作核对表、项目经理复核核对表、第一签字人（韩某）复核核对表、第二签字人（吴某）复核核对表中，签字注册会计师韩某和吴某均"忘记签字"。可见，勤勉尽责在他们的脑海里毫无地位！[①]

2. 原则应用

由于专业胜任能力可以为会计师高质量的职业服务提供客观上的可能性，会计职业对专业胜任能力这一原则的选择体现的是效用主义的道德评价标准；而勤勉尽责（应有的职业关注）则是对会计师主观工作态度的道德约束，它体现的是权利与义务的道德评价标准。

对于专业胜任能力与勤勉尽责这一会计职业道德基本原则，IFAC（2019）及CICPA（2020）的职业道德守则均做了以下规定。①会计师应当遵循专业胜任能力与勤勉尽责原则，以获取并保持应有的专业知识和技能，确保为客户提供具有专业水准的服务，并做到勤勉尽责。②会计师应当通过教育、培训和执业实践获取和保持专业胜任能力。③会计师应当持续了解并掌握当前法律、技术和实务的发展变化，使专业知识和技能始终保持在应有的水平。④在运用专业知识和技能时，会计师应当合理运用职业判断。⑤会计师应当勤勉尽责，即遵守职业准则的要求，并保持应有的职业怀疑，认真、全面、及时地完成工作任务。⑥会计师应当采取适当措施，确保在其授权下从事专业服务的人员得到应有的培训和督导。⑦在适当时机，注册会计师应当使客户或专业服务的其他使用者了解专业服务的固有局限。

B 会计师事务所质量控制：专业胜任能力存疑

B 会计师事务所成立于 1993 年，在香港、哈尔滨、珠海等特别行政区

---

① 深圳证监局关于对 A 会计师事务所（特殊普通合伙）及注册会计师韩某、吴某采取出具警示函措施的决定（2019）。

和城市设立了多个分支机构。然而，2016 年财政部与证监会联合发布的一则责令其限期更改的公告却指出了 B 会计师事务所专业胜任能力缺失的事实。公告指出，"B 会计师事务所个别分所在质量控制中人员配备不足，专业胜任能力存疑，个别专职质量控制人员参与承做审计项目等"。此外，财政部与证监会还对其提出了"全面、彻底地加以整改，切实提高执业质量"的要求，并告诫其他会计师事务所"要引以为戒、举一反三，全面加强质量控制和总分所一体化管理，防止质量控制流于形式，防止总分所管理失控，防止盲目吸收合并基础薄弱、带有隐患的执业团队"。

可见，财政部与证监会联合发布的这则公告为所有的会计人员敲响了警钟，会计师只有不断地强化其专业胜任能力，才能在资本市场和经济社会发展中发挥更大的作用。[①]

需要特别指出的是，对于注册会计师而言，偏离勤勉尽责或应有的职业关注（职业谨慎）可能导致的法律责任包括**过失（Negligence）**和**欺诈**（**Fraud**）。其中，欺诈在司法判决中一般不易引起争议，但对过失的判决则相当主观，问题的焦点在于对勤勉尽责或应有的职业关注这一基本原则的遵循程度。注册会计师因未保持应有的勤勉尽责而引起的过失，依情况的严重程度可分为**一般过失（Ordinary Negligence）**和**重大过失（Gross Negligence）**。前者是指注册会计师在执业过程中缺乏合理的关注，即未严格按照审计准则的要求从事审计工作；后者是指注册会计师在审计过程中缺乏最起码的关注，即在审计工作中未能遵守审计准则的最低要求。

"未尽勤勉尽责"：监管部门处罚公告的高频词汇

2018 年 7 月，频繁遭受处罚的 C 会计师事务所领到新的罚单。据中国

---

① 财政部、证监会关于 B 会计师事务所整改工作核查情况及处理决定的公告（2016）。

证监会辽宁监管局的调查认定，C会计师事务所在对D公司2017年度财务报表进行审计时，未尽勤勉尽责，出具了存在虚假记载的审计报告。

未尽勤勉尽责之一：函证程序执行不到位。①未对D公司本部及其部分子公司的13个银行账户实施函证程序，也未解释说明不予函证的原因。②个别银行询证函回函日期晚于审计报告日，未执行替代程序就直接对账户余额进行了确认。③未对个别未回函的银行询证函实施替代程序。④未对个别函证过程保持必要控制。⑤针对银行函证回函信息受限情况，未执行进一步审计程序。⑥未对个别股票账户实施函证程序。⑦未对部分未回函账户执行替代程序。⑧个别往来款项函证程序执行不到位。⑨个别往来款项存在回函不符事项时的进一步审计程序执行不到位。⑩其他未按照审计准则执行函证程序的情况。

未尽勤勉尽责之二：关键审计事项的应对程序执行不到位。审计报告披露的关键审计事项中审计应对的程序未在工作底稿中体现，无证据证明是否执行了关键审计事项的应对程序。

未尽勤勉尽责之三：对独立性问题未保持充分关注。项目组全体人员独立性声明签字不全，部分单位缺少项目经理、项目合伙人的签字。

未尽勤勉尽责之四：实质性程序执行不到位。①存货监盘程序有待完善。②执行实质性分析程序的结果未在工作底稿中进行充分记录。③关于存货跌价准备的计提过程未充分记录。④无在建工程盘点表监盘痕迹，只是留存被监盘项目的照片。⑤工程物资工作底稿中无监盘痕迹。

未尽勤勉尽责之五：对期后事项未保持充分关注。未编制期后事项工作底稿，无证据证明是否对期后事项进行了识别。[①]

---

① 中国证监会辽宁监管局关于对C会计师事务所（特殊普通合伙）采取出具警示函措施的决定（2018）。

保密原则及其应用

总会计师"乐于披露信息"

2013 年，HD 公司前任总会计师包某、前任证券部副经理冯某以及时任某管理有限公司专户投资部投资经理吴某之间存在利用内幕信息交易的违法行为，引起了监管部门的关注与重视，3 人分别被处罚款 30 万元。

HD 公司是一家集化工、冶金为一体的资源型企业。2010 年 5 月，董事长刘某某集合 HD 公司高层开会，讨论拟将某矿业拥有的矿产资源注册上市的想法，并研究可行性方案，总会计师包某参加讨论。凭借对公司业务的熟悉，包某立刻判断该评估所涉及的内容对公司股票而言将是重大利好。随后，包某将 HD 公司近期"动作"告知冯某，并称可以逢低买入一些 HD 公司股票。在获得 HD 公司近期"动作"这一内幕信息后，冯某便利用妻子黄某账户进行内幕交易，同时还操作某投资咨询有限公司账户进行内幕交易。

此外，包某还将上述内幕信息告知某管理有限公司投资经理吴某，并称"有色金属下半年应该有行情，买了风险不大"。吴某用其管理的 7 个账户买入 HD 公司股票。但 HD 公司这项重组并未成功，吴某的 7 个账户全部亏损，还要接受罚款。[①]

如上例所述，会计师将其知悉的公司内幕信息对外披露并获利，严重违反了会计职业道德的**保密（Confidentiality）原则**。不管是单位会计人员还是注册会计师，由于其在提供职业服务的过程中必然会知悉公司大量的商业秘密信息与非商业秘密信息，这些信息的泄露可能会削弱公司的竞争优势或给公司带来直接的损失，因此，会计职业界很早就将保密作为所有会计师应遵循的一项职业道德基本原则。为此，本小节将对保密原则的基本内涵及应用加以简述。

---

① 中国证监会行政处罚决定书［2013］14 号。

1. 基本内涵

从历史角度看，会计职业界保密这一道德惯例的形成源于法律实践上的隐私保护和商业实践上的商业秘密保护，它具有法理上的**私人性**（Privacy）的属性。保密原则要求会计师对职业活动中获知的所有涉密信息保密。前已述及，**公众利益**（Public Interest）导向是会计职业的关键特征，那么，保密原则是否与公众利益导向相冲突呢？理论上，作为公众群体中的一员，受雇单位（客户）与企业单位会计人员（注册会计师）之间存在一种直接的合约关系，而这种合约关系的基础就是相互信赖。如果职业会计师在接受委托或受雇后不能保守客户或受雇单位的秘密，那么客户或受雇单位的利益没有得到很好的维护，就会对职业会计师产生某种程度的不信任。相互信任关系的缺失，必然导致二者之间职业服务合约关系的解体。比如，职业会计师披露客户或受雇单位的商业机密，包括主管人员的薪金数额、产品定价、广告计划、内幕消息、顾客名单或组织计划等，将会使客户或受雇单位在商业竞争中处于劣势地位。可见，对于会计职业而言，保密原则与公众利益导向是辩证统一的。

对于单位会计人员而言，他们本身就是单位重要的信息生产者，所以，他们须遵循保密原则是理所应当且易于理解的。对于注册会计师而言，他们如果不严格遵守保密原则，客户将会因担心泄密而在是否允许注册会计师检查某些重要文件的问题上犹豫不决，而获取关键资料与信息正是注册会计师能否提供高质量的审计、审阅或其他鉴证业务的关键环节和重要条件。相反，如果注册会计师能够遵循保密原则，信息提供者就可以放心地向注册会计师提供从事职业活动所需的全部信息，而不必担心该信息被其他方获知，这在本质上更有利于注册会计师更好地维护公众利益。

需要特别指出的是，当公众利益与保密原则产生直接的冲突时，职业会计师的保密原则须让位于公众利益，这便是保密原则的例外情形，本节随后将对此加以阐述。

公众利益导向：是谁让世界通信加速还原为世界骗局

2002年7月，曾是全美第二大长途电话公司、全球第一大互联网供应商的美国世界通信公司（WorldCom，下文简称"世通"）因财务造假丑闻宣告破产。揭开这一丑闻序幕的是其内部审计人员辛西亚·库伯（Cynthia Cooper）。辛西亚自1994年起受雇于世通的前身LDDS，从事内部审计工作。

2002年2月8日，世通降低了2002年度的收入和盈余预测，并计划第二季度计提150亿~200亿美元的无形资产巨额减值准备。这引起了SEC的监管反应，SEC于3月12日正式立案稽查。2002年3月初，与世通无线通信业务负责人的一次会面让辛西亚得知公司为提升对外报告的盈利而无根据地冲回4亿美元的坏账准备，她由此对公司的会计处理产生了怀疑。SEC对世通的正式调查进一步加深了她的怀疑。她承受着顶头上司的警告和压力，毅然决定将其职责范围扩大至全面的财务审计，并与其下级员工对世通会计处理的真相进行秘密调查，最终发现世通将20亿美元经营费用"包装"成资本性支出进行利润造假的证据。

辛西亚深知，揭露世通的这一违法行为，公司很有可能遭受灭顶之灾，自己也将失去工作。但她认识到，舞弊行为越晚暴露越会导致更多的投资者遭受损失，此时，私利让位于正义，保密原则让位于公众利益，辛西亚决定将调查进行到底，并将此事汇报给世通审计委员会主席和负责其审计事宜的毕马威。至此，是她让世界通信（WorldCom）加速还原为世界骗局（World-con）。此外，对于注册会计师而言，遵循保密原则与遵循独立性原则（要求）是否存在冲突？独立性要求的目的是透过形式上与精神上的独立性保持诚信与客观公正，进而提高注册会计师的职业服务质量，最终考量也是公众利益。因此，注册会计师遵循保密原则与独立性原则在本质上是辩证统一、相互依存的。

2. 原则应用

保密原则总体上体现为职业会计师应履行的一项职业义务，因此，会计职业对保密原则的选择主要体现的是权利与义务的道德评价标准。对于保密原则，IFAC（2019）及 CICPA（2020）的职业道德守则均规定职业会计师应当遵循下列要求。①警惕无意中泄密的可能性，包括在社会交往中无意中泄密的可能性，特别要警惕无意中向关系密切的商业伙伴或近亲泄密的可能性。②对所在会计师事务所或受雇单位内部的涉密信息保密。③对拟承接的客户或拟受雇的单位向其披露的涉密信息保密。④未经客户或受雇单位授权，不得向第三方披露其所获知的涉密信息，除非法律法规或职业准则规定会计师在这种情况下有权利或义务进行披露。⑤不得利用因职业关系而获知的涉密信息为自己或第三方谋取利益。⑥不得在职业关系结束后利用或披露因该职业关系获知的涉密信息。⑦采取适当措施，确保下级员工以及为会计师提供建议和帮助的人员履行保密义务。⑧在终止与客户或受雇单位的关系后，会计师应当对以前职业活动中获知的涉密信息保密。如果变更工作单位或获得新客户，会计师可以利用以前的经验，但不得利用或披露以前职业活动中获知的涉密信息。

如前所述，保密原则存在例外情形或豁免情形。对此，IFAC（2019）及 CICPA（2020）的职业道德守则均规定，在下列情况下，会计师可能会被要求披露涉密信息，或者披露涉密信息是适当的，不被视为违反保密原则。①法律法规要求披露，例如为法律诉讼准备文件或提供其他证据，或者向相关的监管机构报告发现的违反法律法规行为。②法律法规允许披露，并取得客户的授权。③会计师有职业义务或权利进行披露，且法律法规未予禁止，主要包括下列情形：接受会计师协会或监管机构的执业质量检查；答复会计师协会或监管机构的询问或调查；在法律诉讼、仲裁中维护自己的合法权益；遵守职业准则的要求，包括职业道德要求；法律法规和职业准则规定的其他情形。

偷鸡不成蚀把米：HL 公司重组信息泄露

HL 公司成立于 2004 年，并于 2016 年年初设立规模约 8 亿元的车联网并购基金，对外寻找收购标的。2016 年 7 月 22 日，公司与 SY 网络签订《重组意向书》。

在此次 HL 公司重组案中，张某作为并购重组事项审计机构负责人和签字会计师，将所知悉的客户内幕信息泄露给妻子何某，后者全仓买入 HL 公司股票 280 万元，反而亏损近 20%，正可谓"偷鸡不成蚀把米"。

在 HL 公司重组案中担任会计师的张某未做到对职业活动中获知的涉密信息保密，甚至利用因职业关系而获知的涉密信息为自己或第三方牟取利益，严重违反了会计职业道德的保密原则。此外，IFAC（2019）及 CICPA（2020）的职业道德守则还规定，在决定是否披露涉密信息时，会计师需要考虑下列因素：①客户或受雇单位同意披露的涉密信息，是否为法律法规所禁止；②如果客户或受雇单位同意会计师披露这些涉密信息，这种披露是否可能损害相关人的利益；③是否在可行的范围内了解和证实了所有相关信息，信息是否完整；④信息披露的方式和对象，以及披露对象是否恰当；⑤可能承担的法律责任和后果。

良好职业行为原则及其应用

罗伯特·罗伊和詹姆斯·麦克尼尔关于注册会计师的定义

1968 年，著名会计学者罗伯特·罗伊（Robert H. Roy）和詹姆斯·麦克尼尔（James H.MacNeil）曾对注册会计师职业进行了如下界定。

注册会计师职业的精要不在于他们的专业知识，也不在于他们的执业经验，而在于这样一些难以捉摸的要素：智慧、洞察力、想象力、判断力、谨慎性及人格上的正直。

注册会计师必须懂得何时沉默、何时该讲以及如何表达，必须要有足够的勇气去面对棘手的问题。稳固而又不失策略的才智、透过现象看本质的想象力、对已然与或然事物的洞察力、对漏报与错报的敏锐力以及一以贯之的道德操守等所有这些都是内含于个性之中的品质，而非专业知识所能及。没有这些品质，注册会计师充其量只能称为技术人员，不论他的知识有多么广泛。拥有这些品质再加上必要专业技能，注册会计师才能做到真正意义上的职业化。[①]

如上例所述，卓越的道德品质和良好的职业行为，是会计职业赢得声誉并得到社会认同，进而推动会计行业长期可持续发展的关键。良好职业行为（Professional Behavior）这一会计职业道德基本原则，要求职业会计师爱岗敬业，遵守相关法律法规，避免做出任何可能损害职业声誉的行为。为此，本小节将对良好职业行为这一原则的基本内涵及应用加以阐述。

1. 基本内涵

依照奥尔森在《集体行动的逻辑：公共物品和集团理论》中提出的"搭便车困境"的观点，当会计师因职业团体的共同声誉而分享行业利益时，不道德的职业行为和搭便车的机会主义心理便会产生，部分职业会计师可能会以损害行业整体利益为代价获取私人的短期利益。良好职业行为作为会计职业道德的基本原则，旨在促使所有的会计师自觉践行会计职业共有的价值观念与职业信仰，并成为自觉维护会计职业整体声誉的内在动力和精神追求。

在此意义上，良好职业行为原则在性质上具有以下几个特征。①职业整体性。该原则主要是通过提升职业会计师的自我职业价值认同以形成共同的职业使命感和职业价值观。②正向引导性。该原则通过对职业会计师良好行为的团体评判和褒奖，强化其正向选择的价值判断，同时提高其负向选择的心理成本，这将使职业会计师在面临道德冲突时增加正向行为选择的概率，降低负向行为选择的可能。③兜底性。在特定的情形下，如果职业会计师面临前述各项职业道德基本原则之间的内部冲突或困境权衡，良好职业行为原则可以提供最终的道德抉择标准。④综合性。良好职业行为原则意味着职业会计师应尽可能高标准履行诚信原则、客观公正原则、专业胜任能力与勤勉尽责原则等。

---

① 裴宗舜、韩洪灵：《美国安然骗局及其对应议论的剖析》。

无视良好职业行为原则：瑞华扩张的行业代价

2018 年，前有虚增 150 亿元现金的 A 公司，后又有虚增 300 亿元存款的 B 公司药业，堪称 A 股史无前例的严重舞弊，它们共同的审计机构便是瑞华会计师事务所——由原中瑞岳华和原国富浩华于 2013 年合并而成。瑞华的扩张合并是一路带"病"壮大的过程，瑞华在构筑庞大躯体的同时将会计行业的整体声誉抛到九霄云外。

以下列举部分被瑞华并购的事务所处罚案。国富浩华因为给键桥通讯、亚太实业出具虚假报告遭到处罚。2013 年，国富浩华又合并了为绿大地、聚友网络、金荔科技、大唐电信、紫鑫药业、北生药业出具虚假审计报告的深圳鹏城所和利安达部分团队，为"瑞华的癌"埋下了更深的病根。中瑞岳华由中瑞华恒信事务所、岳华事务所合并而成，2012 年，中瑞岳华又合并了因胜景山河欺诈上市而遭到证监会处罚的中审国际部分团队和利安达部分团队。而在国富浩华和中瑞岳华两家事务所合并中均出现的利安达事务所也非"善辈"，它创下了 9 年被处分 7 次的纪录。

无视良好职业行为原则的激进合并，造就了惊人的"爆雷"名单。瑞华毁坏的绝非仅其自身的声誉，伴随而来的还有社会对整个会计行业的信任危机。因此，良好职业行为原则的兜底性和综合性主要体现的是权利与义务的道德评价标准，而其职业整体性和正向引导性主要体现的是美德伦理学的道德评价标准。

2. 原则应用

对于良好职业行为原则，IFAC（2019）及 CICPA（2020）的职业道德守则规定，职业会计师不得在知情的情况下，从事任何可能损害诚信原则、客观公正原则或良好职业声誉等违反职业道德基本原则的业务、活动。如果一个理性且掌握充分信息的第三方认为某种行为将对良好的职业声誉产生负面影响，则这种行为属于可能损害职业声誉的行为。

损公肥私：频繁损害职业声誉的副主任会计师

卢某是某会计师事务所的副主任会计师，2013 年，随着某上市公司审计丑闻的爆出，卢某又一次深陷舆论漩涡。他由于在多次 IPO（首次公开募股）保荐业务过程中的不良作风，被市场人士用"忍无可忍"这样的词语加以形容。

某上市公司远非卢某牵涉的唯一案件，多家公司的 IPO 项目皆为卢某主导。在会计师事务所任职期间，卢某以其亲属名义注册成立 4 家投资公司，为其签字的公司提供 IPO 前期的财务顾问服务。为绑定上市公司利益，其不惜让出部分股权。

卢某的行为因触及行业底线遭到许多同行的严厉批评。有人曾在微博中公开写道，"曾与某人在某时某地共登某知名大学讲台，我讲规范讲诚信，不鼓励所有企业走上市之路，而某人则讲'包装'、讲'设计'，说没有不能上市的企业，只有不懂策划的老板。课后多名学员弃我而从他，至今心存悲凉"。其中的"某人"是谁，自然不言而喻。

卢某的种种行为招致指责，"卢氏敛财"这种运作方式是典型的以损害行业整体声誉为代价，伤了无数恪守良好职业行为原则的同行的心。

此外，IFAC（2019）及 CICPA（2020）的职业道德守则规定，职业会计师在向公众传递信息以及推介自己和工作时，应当客观、真实、得体，不得损害职业形象。职业会计师应当诚实、实事求是，不得有下列行为：①夸大宣传提供的服务、拥有的资质或获得的经验；②贬低或无根据地比较他人的工作。

如果职业会计师对其行为是否恰当存有疑问，可以向会计职业机构或监管部门咨询，但咨询本身并不能减轻职业会计师对良好职业行为应负的责任与义务。

会计职业道德案例："真实公司" 如何变得不真实

真实公司自2006年开始营业，历经风雨，见得彩虹，又见暴风雨……，其过山车式发展之路见图2-1。

真实公司发展历程

2012年，荣获"诚信中小企业"称号

2017年订单大幅减少，人员不断流失，运营处于半停式状态，亏损77亿元

2006年开始营业

2015年重组，净利润3.7亿元，2016年净利润为8亿元

2017年8月，收到证监会《行政处罚决定书》

2020年，退市……

图2-1 真实公司过山车式发展之路

"真实公司"的背景

真实公司是一家致力于提供先进的电子视觉解决方案、产品、技术和服务的高科技企业。公司自成立以来，一直致力于开发以先进的图像采集、分析、显示和处理技术为核心的精密光学—机械—电子成像和仿生智能算法，同时开发、设计、制造和销售电子视觉产品。经过几年的发展，真实公司在精密光电成像和仿生智能算法方面具有领先于其他竞争对手的优势，

已成为电子视觉领域的龙头企业之一。

Q 先生如今已近不惑之年，他是会计学本科毕业，毕业后从企业财务基层做起，直到就职于上市公司，经过多年的职场打拼，他积累了丰富的公司管理经验，因为被真实公司的光环吸引，于 2016 年初到真实公司担任财务总监及董事会董事。

公司如此亮丽的业绩以及高科技概念，让 Q 先生对其未来的发展前景充满了期待，Q 先生也非常迫切地期望凭借自己的阅历和才能在这家公司大展宏图。然而，让 Q 先生不满意的是，每次参加公司高管会议，会议的议题总是无关痛痒的小事，有些重要的交易或事项直到发生后，Q 先生才得知，他认为可能是自己刚到公司，公司管理层其他领导对他有些排斥。

2016 年 7 月，Q 先生认为作为公司领导班子的一员，有必要跟 CEO 进行一次谈话，以便尽快融入公司，所以他在周一例会后就迫不及待地走进 CEO 兼董事长老板 A 的办公室。老板 A 是一个当时很有影响力的人物，即使在 2017 年公司开始出现危机的时候，他在中国富豪榜 2017 年胡润财富报告中也是榜上有名。老板 A 看上去是一个非常圆滑的人，很热情地招待 Q 先生坐下，关切地问他刚来到公司有没有不便之处。以下是他们之间的简短谈话。

老板 A："Q 先生来到敝公司真是令公司蓬荜生辉啊！"

Q 先生："谢谢！我觉得公司的很多管理章程没能得到很好的实施！"

老板 A："兵贵神速，章程具有僵化性，管理决策一定要顺应瞬息万变的市场啊！"

Q 先生："可是公司并没有因此提升业绩，反而危机四伏。而且有些重大的关联交易没有开会表决就实施了，会不会太过冒险？"

老板 A："开会讨论总是观点各异，最后也没个结果，CEO 是企业的领头羊，有时候就应该勇于担当！"

Q 先生："……"

Q 先生心事重重地走出 CEO 办公室，预感到公司可能存在管理漏洞和内控失效问题。

2017 年年初，真实公司经营每况愈下，订单大幅减少，人员不断流失，运营处于半停滞状态，并且预计在未来三个月内不能恢复正常生产。面对这突如其来的转变，Q 先生倒吸一口凉气，在办公室呆坐了一天。凭借多年的职场经验，他感觉到公司的高管很有可能存在严重的职业道德问题，因为视觉产品市场一切运行正常，但公司业绩出现如此巨大的下滑，冰冻三尺非一日之寒。他突然想起自己的 IMA 会员身份，IMA 有提供道德困境咨询的服务，于是他拨通了电话，把自己的困惑给接线员讲述了一下。他得到的答复是，他需要进一步了解事实真相，如果情况真的很糟糕或者公司涉嫌违法，那么他可以尽早辞职或者担当吹哨人。

苦于没有实际证据，Q 先生悄悄展开了对这家公司的调查，终于搞清楚了真实公司经营管理出现问题的前因后果。他在离职与吹哨之间做了权衡，他觉得既然该公司在这之前就如下文所述引起过媒体的关注，就没有必要去充当吹哨人，因为充当吹哨人一方面有一个长期的纠缠过程，另外一方面也会有很大的风险。因此，<u>Q 先生果断地以个人原因为由于 2017 年 5 月从该公司辞职。</u>

"真实公司"的历史问题浮出水面

其实，Q 先生在入职之前也了解到真实公司的一个负面新闻，但是他当时想，也可能是竞争对手恶意中伤，财经媒体无根据地报道而已。这个负面新闻是，2013 年上市公司 C 集团有限公司宣告破产重组，它必须找到优质盈利资产，以确保其上市地位。于是真实公司和 C 集团有限公司做了一笔交换交易。2014 年 11 月，C 集团有限公司股东大会通过了重大资产重组决定。2015 年 2 月，中国证监会批准 C 集团有限公司以发行股份的方式进行重大资产重组和收购资产。重组方案是：C 集团有限公司以 6.16 亿元的价格将其所有资产、负债和业务出售给其前控股股东 D 集团有限公司。同时，C 集团有限公司以每股 2.12 元（壳值）向老板 A、E 资产管理公司、老板 E、老板 D、老板 F 发行 13.6 亿股，目的是购买其持有的真实公司股份。F 资产评估有限公司对真实公司的估值为人民币 28.83 亿元。
2015 年 4 月 27 日，C 集团有限公司完成了资产重组，更名为真实公司。
后来发现，在资产重组过程中，真实公司向 F 资产评估有限公司提供了两
种虚假协议。一种由真实公司自制的 4 份假协议组成，另一种包括 5 份协
议和虚假附件。此外，这 5 份协议都是计划型协议，没有一个对具体产品
的类型、功能、生产量和时间给出具体的标识。这意味着所有的 9 份文件
都是不真实的。同时，C 集团有限公司对上述虚假协议一无所知。真实公
司原股东通过借壳上市完成套利的具体过程如图 2-2 所示。

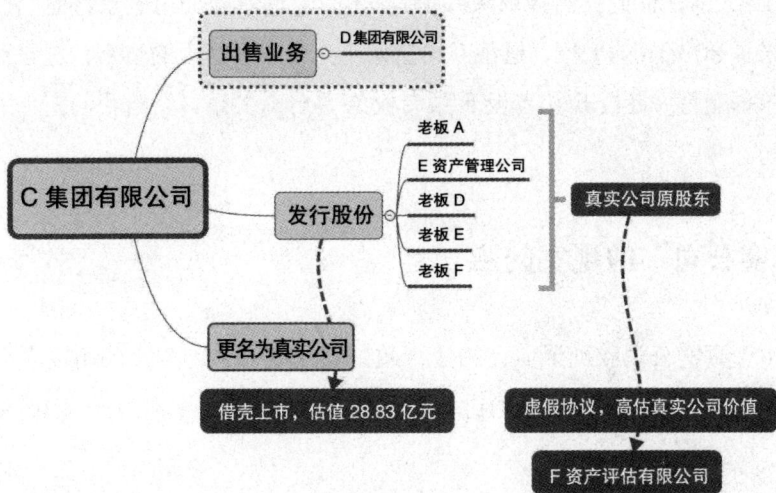

图 2-2　真实公司原股东通过借壳上市完成套利

老板 A、E 资产管理公司、老板 E、老板 D、老板 F 等真实公司原股
东出具承诺书，他们承诺为 C 集团有限公司重大资产重组提供的信息是真
实、准确和完整的，不存在虚假记录。老板 A 当时是真实公司的董事会主
席兼 CEO，是这次收购交易的主要领导者。他签发了承诺信，是主要负责
人，老板 E、老板 D、老板 F 都是老板 A 的一致行动人，他们都在承诺信
上签了名。但事实证明这完全是个谎言。

果不其然，在 Q 先生离职两个月后，即 2017 年 7 月，中国证监会的

一纸罚单揭开了两年多前丑闻的面纱，真实公司被中国证监会罚款 40 万元，老板 A 被罚款 60 万元。根据中国证监会事先发布的处罚通知，此次收购存在 2.73 亿元高估，导致 C 集团有限公司在借壳上市时被买入 12.9 亿股，这意味着这 12.9 亿股是"免费午餐"。这 12.9 亿股中，当时的实际控制人老板 A 获得了 8 亿股，他的弟弟老板 D 获得了 0.4 亿股。如果将这些股份乘以当时每股 11.48 元的收盘价，老板 A 获得了 91.84 亿元的股票市值，他的弟弟老板 D 免费获得了 4.592 亿元的股票市值。值得一提的是，在重组交易中还有另外两个关键人物，老板 E 和老板 F，就在重组计划公布的 12 天前，他们突然分别买入了 8% 和 2% 的真实公司股票，他们的股票带来了 20 亿元的增值，这绝对给这两个人带来了巨大的财富，这显然是一笔内幕交易，老板 E 和老板 F 跟老板 A 是什么关系，留给我们充分的想象空间。

"真实公司"的现实问题

由于真实公司收到证监会的《行政处罚决定书》，真实公司董事会也对公司的投资事件和其他问题进行了审查，进而发现了以下关于老板 A 的问题。

1. 对外投资收购资产

董事会审查对外投资后认为，原实际控制人老板 A 涉嫌通过控制投资对象指定银行账户资金的转移来控制公司银行账户资金的转移，涉嫌通过与第三方签订业务合同转移额外资金（高估部分），即以收购资产的外部投资形式侵占上市公司利益。虽然以老板 A 为主导的对外投资在很大程度上履行了决策过程，但大部分都未能完成评估程序。老板 A 担任上市公司董事长期间，主导了数额巨大的 20 多宗对外投资，总投资数额超过 50 亿元。当前这些被投资公司多出现失联、经营不善的情况，其中不少资产被计提减值，比如 2016 年并购两家公司使其商誉增加 7.93 亿元，而仅仅一年之后，商誉被全额计提了减值准备。

2. 大额应收账款交易

公司 2015 年至 2017 年营收和利润飞速上涨，但其财报显示，从 2015 年开始，公司现金流量净额均为负数。其财报也对此进行了解释："经营活动产生的现金流量净额变动原因说明：购买商品、接受劳务支付的现金及支付的募投项目经营性现金增加。"

截至 2017 年 11 月底，大额应收账款交易如表 2-1 所示，应收账款余额约 25.66 亿元，约占未审计资产总额 105.04 亿元的 24.43%，约占未审计净资产 47.6 亿元的 53.9%。董事会发现，在总额为 23.4 亿元的可疑大额应收账款交易中，有一部分交易是由原董事长老板 A 牵头的，与几个主要子公司的下游客户有关。经过初步核实，这些客户大多是新成立的公司，其经营能力和还款能力值得怀疑。

表 2-1　大额应收账款交易

名称	金额
资产总额	25.66 亿元
大额应收账款	105.04 亿元
大额应收账款占资产总额比例	24.43%
净资产	47.6 亿元
净资产占资产总额比例	53.9%

3. 大额预付账款交易

董事会发现，在总额为 8 亿元的可疑大额预付账款交易中，有一部分交易是由原董事长老板 A 牵头的。在核查过程中，发现公司在支付了大量预付款后，存在不交货、部分交货、延期交货或不履行合同等不合理现象。

4. 违规担保

真实公司的两家子公司不按照公司董事会和股东会议内部决策过程的有关规定向其他公司提供担保，公司董事会对这些事情毫无察觉。上述两家子公司的担保不按照公司正常的内部业务决策流程规定签字和盖章，根据现有数据初步判断，上述两家子公司的担保业务也是由公司原董事长老板 A 领导的，他违反了公司的内部控制规定，绕过了决策程序。从 2017 年公布的半年报来看，真实公司的担保总额为 24.04 亿元，占公司净资产的 45.91%。

更加滑稽的是，2017 年 11 月 15 日，公司收到了前述提到的既得利益者老板 E 的书面通知，说老板 E 希望负责停牌期间的重组和处置工作，董事会随后成立了负责重组和处置工作的领导班子，并任命老板 E 为组长。但是领导班子之后因为没有为公司的糟糕状况提供任何解决措施而被解散。

2017 年 12 月 29 日，该公司董事会认为公司的问题触及了《上海证券交易所股票上市规则（2014 年修订）》中的以下条文：生产经营受到严重影响，预计三个月内不能恢复正常；冻结主要银行账户；公司资金被控股股东及其关联方占用，用于非经营性用途或违反决策程序规则提供担保，情形严重的。该公司股票还触及了其他风险警告。因此，公司董事会向上海证券交易所申请实施其他风险警告，在公司简称前添加"ST"。在真实公司被戴上"ST"帽子后，其股价像瀑布一样从每股最高接近 30 元暴跌至每股 1 元左右。

Q 先生在离职后仍然对真实公司非常关注，对广大个人投资者的损失非常痛惜，但是也非常庆幸自己做出了正确的道德选择。

5. 结局

2020 年，公司正式退市，即便如此，其在 2019 年年报中仍然表示，"公司具备配套生产能力，具有产品研发实力，但受制于资金短缺，业务一直未能正常发展。未来公司主要目标为化解财务危机，积极发展业务，恢复盈利，改变净资产为负的状态，完善公司内部控制，争取使公司达到重新上市标准"。

会计道德决策六步法理论基础

　　道德决策的前提是遇到道德困境，即效用大小、权利与义务、正义与公平之间的徘徊。道德困境无处不在。十分经典的例子是火车困境。一个疯子在铁轨上绑了五个人，火车驶来，他们必死无疑，你有一个机会可以使火车变道，但另一条铁轨上也绑有一个人，如果火车变道会使这个人死亡，你如何选择？而道德决策就是解决道德困境的方法、过程和结果。

　　关于个体道德决策，Rest（1986）提出了道德决策的四阶段理论，这四个阶段分别是：①识别道德问题，即个体认识到一个决策情景存在着道德两难的阶段；②做出道德判断，即个体通过多种策略来决定某个行为从道德上来说是正确还是错误的阶段；③确定道德意图，即个体决定以道德还是不道德的方式来行动的阶段；④实施道德行为，即个体实施道德或不道德行为的阶段。[①]

　　关于哪些因素影响企业中的道德决策，研究者提出了四类不同的理论模型：道德决策模型、道德决策多因素模型、整合模型以及 IMA 道德决策六步法。

道德决策模型

　　道德决策模型即合理行为理论和改进的计划行为理论以及基于合理行

---

① Rest J R. Moral development: Advances in research and theory[M]. New York: Praeger,1986.

为理论提出的针对市场营销领域的道德决策模型 [1]，如图 2-3 所示。

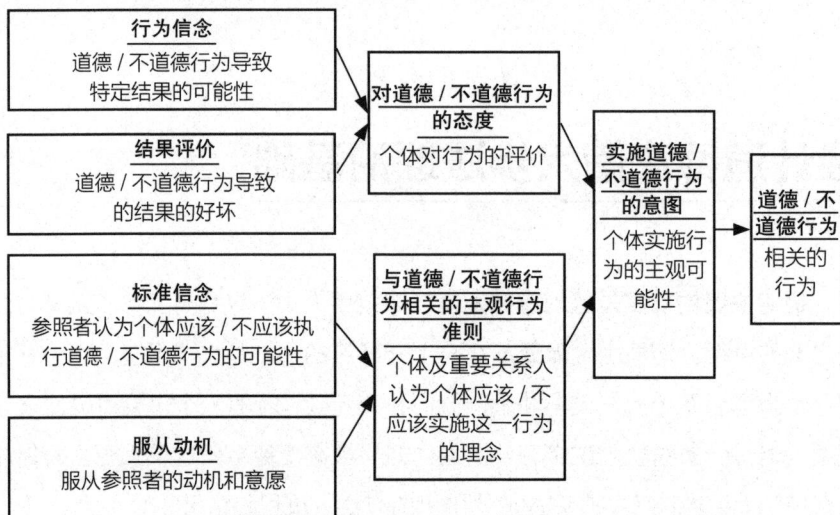

图 2-3　道德决策模型（Dubinsky & Loken，1989）

道德决策多因素模型

道德决策多因素模型是强调影响企业道德决策的个体及组织的情景因素的模型，例如，**道德决策多因素模型** [2]、**人—境交互模型** [3]、**市场营销道德通用理论模型** [4]。其中 Ferrell 和 Gresham（1985）的道德决策多因素模型认为：道德决策过程始于产生道德问题的社会或文化环境；当面对道德问题时，个体的决策受个体因素（知识、价值、态度和意图）、重要关

---

[1]　Dubinsky A J, Loken B. Analyzing ethical decision making in marketing[J]. Journal of Business Research, 1989, 19（2）: 83−107.

[2]　Ferrell O C, Gresham L G. A contingency framework for understanding ethical decision making in marketing[J]. Journal of Marketing, 1985, 49（3）: 87−96.

[3]　Trevino L K. Ethical decision making in organizations: A person−situation interactionist model[J]. Academy of Management Review, 1986, 11（3）: 601−617.

[4]　Hunt S D, Vitell S. A general theory of marketing ethics[J]. Journal of Macromarketing, 1986, 6（Spring）: 5−16.

系人（差别化联系和角色定位结构）和机会（专业标准、组织政策和奖惩措施）三方面的影响；个体的道德决策将直接影响真实的道德行为；在实施真实行为之后，个体会对该行为做出评价，而这种评价又将对未来的道德决策产生影响，并且这种影响作用还会受到个体因素、重要关系人及机会的影响。该模型的特色在于它纳入了行为评价对未来个体判断的反馈机制，如图 2-4 所示。

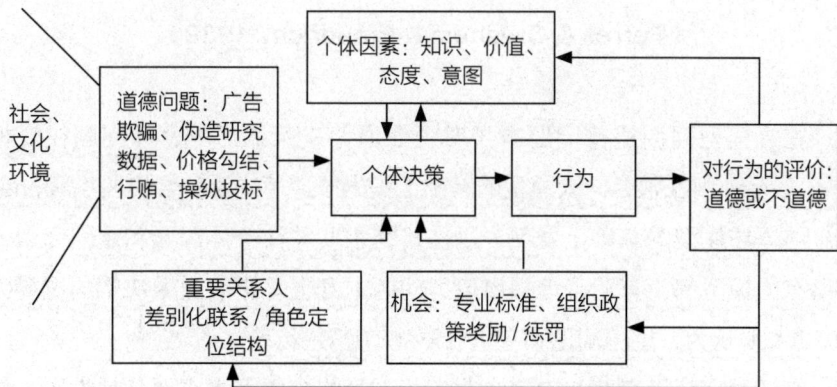

图 2-4　道德决策多因素模型（Ferrell & Gresham，1985）

整合模型

Ferrell、Gresham 和 Fraedrich 在整合道德决策多因素模型以及市场营销道德通用理论模型的基础上，提出了综合性企业道德决策模型，即整合模型，其具体内容如图 2-5 所示。[①]

---

① Ferrell O C, Gresham L G, Fraedrich J. A synthesis of ethical decision models for marketing[J]. Journal of Macromarketing,1989, 9（2）: 55-64.

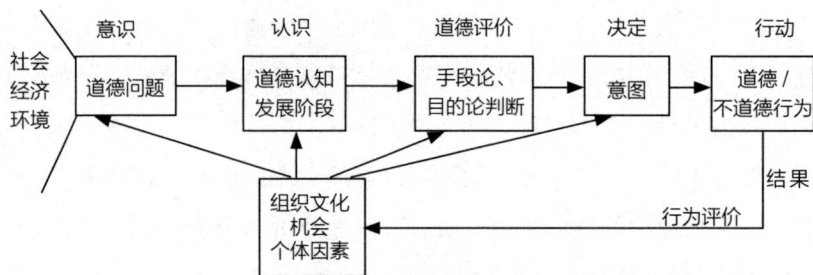

图2-5 综合性企业道德决策模型

（Ferrell & Gresham & Fraedrich，1989）

整合模型强调道德问题本身对企业道德决策的影响，即问题权变模型 ①，Jones 则在整合前人模型的基础上提出了道德决策整合模型 ②。Jones 在总结以往模型的基础上发现，以往研究主要关注个体因素和组织因素，而所有的模型都没有明确地提出道德问题本身也是影响道德决策的重要因素。Jones 认为，道德问题本身也会影响道德决策。③

实证研究结果表明：影响企业道德决策的个体因素主要包括性别、年龄、教育和工作经历、道德认知发展水平、心理控制源、道德意识形态、马基雅维里主义和文化等，目前研究者普遍认同道德认知发展水平、心理控制源、道德意识形态和马基雅维里主义这四种个体因素会影响个体的道德决策；而影响企业道德决策的组织因素主要包括公司的道德规范、道德风气、公司奖惩和公司规模等，其中对道德规范、道德风气和公司奖惩这三种因素基本上形成了比较一致的结论，大部分研究表明公司存在道德规范、良好的道德风气以及奖惩措施（对道德行为的奖励和对不道德行为的惩罚）会提高决策的道德水平。

---

① 与 ② Jones T M. Ethical decision making by individuals in organizations: An issue-contingent model[J]. Academy of Management Review, 1991, 16（2）: 366-395.
③ 李晓明，王新超，傅小兰．企业中的道德决策 [J]．心理科学进展，2007,15（4）: 665-673.

IMA 道德决策六步法

IMA 采纳了道德决策六步法：定义问题、辨识备选方案、评估备选方案、制定决策、执行决策和评估决策。与前述 Rest（1986）四步法模型相比，此六步法不但细化了 Rest 提出的四个步骤，而且增加了执行后的评估决策环节。在内容和流程上更加类似于 Ferrell 和 Gresham（1985）的道德决策各因素模型。尽管 IMA 的道德决策六步法主要是针对个体的职业道德决策，但是在实施过程中也需要关注组织层面的影响因素，并且在实施六个步骤的过程中也要充分考虑与前述道德模型的结合运用。

第一步是定义问题。当你意识到它时，它才能成为问题。定义问题就是要识别道德困境和道德问题。财务人员的性别、年龄、教育和工作经历、道德认知发展水平、心理控制源、道德意识形态、马基雅维里主义和文化因素不同，对道德困境和道德问题的识别结果就会有很大不同。比如对新入职的财务人员而言，识别道德问题是比较难的，往往事情发展到很严重的程度时他们仍然没有察觉，但是随着阅历的增长以及道德素养的提升训练，他们在这方面的敏锐度和能力会逐步提升。

第二步是辨识备选方案。在识别道德困境的前提下，如果没有制定和采取决策进行应对，那么等于什么都没做。但是，解决道德困境的方法有很多，财务人员需要知晓可能的备选方案有几种。在不同的场景，备选方案是不同的，本书后续章节会提供不同场景下的道德案例，供财务人员借鉴参考。基于场景的道德决策模型，即人 – 境交互模型，如图 2-6 所示。

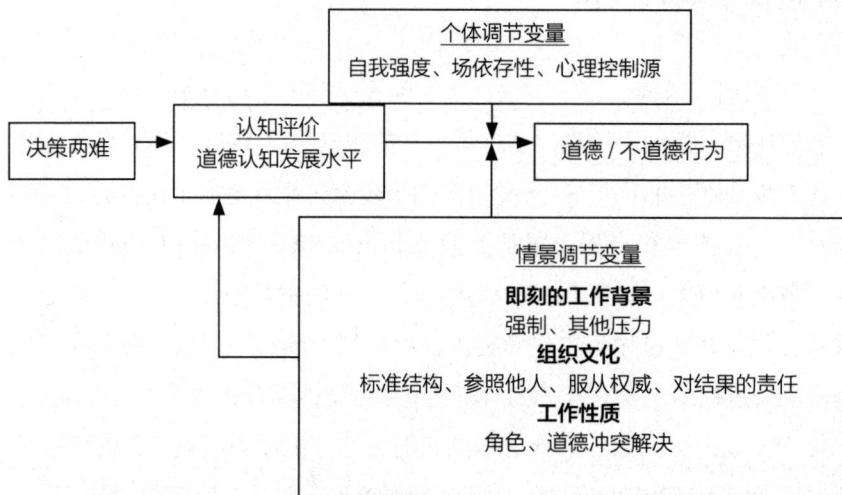

图2-6 人－境交互模型（Trevino，1986）

　　第三步是评估备选方案。评估备选方案即对备选方案的取舍和排序。任何方案的执行都是有成本的，其执行后的效果也不同。因此在执行前进行适当的评估是非常有必要的。在对备选方案进行评估时可以借鉴Jones提出的道德强度的六个维度：①结果大小，即该行为可能造成的伤害或得到的益处的总和；②社会舆论，即社会上对该行为道德还是不道德的认同程度；③效应可能性，即该行为实际上会造成伤害或得到益处的可能性；④时间即刻性，即该行为与行为结果之间的时间跨度；⑤亲密性，即决策者与行为的受害者或受益者在社会、文化、心理或生理上的亲密度；⑥效应集中性，即一定的伤害或益处所涉及的受影响人群的数量。[①] 对于道德强度因素，目前研究者普遍认同结果大小和社会舆论这两个成分的影响最大，而未来的研究还需要进一步确定其他四种成分的作用[②]。

---

① Jones T M. Ethical decision making by individuals in organizations: An issue-contingent model[J]. Academy of Management Review, 1991, 16（2）: 366-395.
② O'Fallon M, Butterfield K D. A review of empirical ethical decision-making in literature: 1996-2003[J]. Journal of Business Ethics, 2005, 59（4）: 375-412.

第四步是制定决策。在对备选方案进行评估后，需要制定详细的决策，制定决策是决定出最终方案，并且制定周密的执行计划，比如执行的时间、执行的方式、执行的地点、对可能出现的结果的防御措施等。

第五步是执行决策。执行决策需要有好的行动力。行动力，是指对所策划的战略意图，具备超强的自制力，同时能够去突破自己，为实现自己想做而不敢去做的，或者是自己认为自己能力不足的事，下定决心后去实现。对个人而言，它就是自制力。制定的决策得不到有效的执行则前面的步骤均失去了意义，因此必须保证决策在不受外因和内因干扰的基础上得以执行。

第六步是评估决策。评估反馈是影响学习的最重要的因素之一。赫洛克曾做过一个著名的心理学实验，他把被试者分成四个等组，让他们在四种诱因不同的情况下完成任务。第一组为激励组，每次工作后予以鼓励和表扬；第二组为受训组，每次工作后对存在的任何问题都要严加批评；第三组为被忽视组，每次工作后不给予任何评价，只让其静静地听其他两组受表扬和被批评；第四组为控制组，让他们与前三组隔离，且每次工作后也不给予任何评价。结果表明，成绩最差的是第四组（控制组），激励组和受训组的成绩明显优于被忽视组，而激励组的成绩不断提高，学习积极性高于受训组，受训组的成绩有一定波动。这个实验充分说明了反馈在学习中的重要作用。评估反馈对学习的作用，表现在动机和认知两个方面。在动机方面，如果学习者对自己的学习过程和学习结果有比较充分的了解，知道自己哪些方面做得好、哪些方面还存在问题，就会产生满意或者不满意的情绪，并进一步影响自己的学习动机。在认知方面，学习者可以从对学习结果的了解中，获得有关的正确或者错误的信息，成为指导自己今后学习的定向依据。

因此执行决策后需要对决策的有效性和正确性进行后续评估，培养理性思维，为今后职业生涯中可能面临的新的职业道德问题积累更多的应对经验。

道德决策六步法在"真实公司"中的实施

　　上述案例讲述了财务总监 Q 先生遇到的道德困境以及他进行道德决策的过程，下面结合案例分析道德决策六步法的具体实施。

识别道德困境

　　案例中 Q 先生在得知真实公司业绩下滑以及展开一番调查之后，发现其中存在着公司最高层领导的职业道德问题。老板 A 为了获得更多的被收购公司的股份，做了 9 份虚假协议，并在承诺书上签字，承诺所有信息属实。很明显，他违反了诚实的道德标准。这个案例中，舞弊行为贯穿始终。老板 A 及其关联方通过多种不道德手段谋取不正当利益，说明其违反了公平原则。老板 A 及其关联方仅考虑自身利益，没有顾及他人的利益，说明其违反了客观性。同时，以老板 A 为代表的控股股东从未担负起职权范围内或控制范围内的责任。

　　他们在资产重组过程中获得了第一桶金，然后通过投资交易、转移应收账款和预付账户资金获得了第二桶金，足见人性之贪婪。这些可怕的事情之所以会发生，既有内部控制薄弱、公司治理不善的原因，也有控股股东没有遵守道德规范的原因。

识别备选方案

作为董事会成员，Q 先生可能有以下选择。比如提醒公司负责人注意不遵守正确投资决策程序的潜在风险。Q 先生可以与成员的直属主管对存在的问题进行讨论。如果主管似乎参与其中，可以将问题提交给上一层管理者。或者 Q 先生要求离职以保护自己的权利。Q 先生可以咨询他的律师，了解与该问题有关的任何法律义务、权利和风险。Q 先生也可以充当匿名告密者。同时，因为 Q 先生是一名 IMA 管理会计师协会会员，IMA 提供一条匿名帮助热线，会员可以拨打该热线，询问 IMA《职业道德守则公告》中的关键要素如何应用于道德问题。

评估备选方案

该案例中 Q 先生恰当地使用了以上的程序和步骤，帮助自己识别出公司高层领导严重的道德问题。在了解事实真相后，他对几个备选方案进行了评估，根据前述提到的评估备选方案需要考虑的六个因素即结果大小、社会舆论、效应可能性、时间即刻性、亲密性、效应集中性。Q 先生觉得，拨打热线的社会舆论最少、实施时间最快、影响范围最小（因为是匿名）。与高层领导沟通的可能性不大，因为通过跟老板 A 的沟通，他感觉老板 A 涉嫌参与其中，而老板 A 已经是公司最高层。充当吹哨人这个方案对 Q 先生的负面影响可能很大，无论是时间上还是精力上都会产生很大消耗，社会舆论的影响也是有的，但是该公司之前就有丑闻爆光，社会舆论对 Q 先生的影响可能不会很大。于是较好的方案就是拨打 IMA 道德帮助热线以及果断做出辞职的决定，因为 Q 先生与老板 A 无任何亲密关系，辞职产生的社会影响和个人影响都是最小的，Q 先生唯独担忧的就是中小股东的利益，但是考虑到 Q 先生决定辞职的时候真实公司经营已经出现了严重的问题，加之早有丑闻爆光，理性的投资者应该早已会对该信息作出反应。

制定决策

Q 先生决定尽快拨打匿名帮助热线，为方案的进一步评估和制定提供充分的依据。在拨打热线电话之后，尽管有些事实已经趋于明朗，但是为了严谨和稳妥，他做出进一步核查事实真相的决策。这种做法叫作"空地上的奶牛"理论，这是认知论领域的一个重要的思想实验。它描述的是，一个农民担心自己的奶牛走丢了。这时送奶工到了农场，他告诉农民不要担心，因为他看到那头奶牛在附近的一块空地上。虽然农民很相信送奶工，但他还是亲自去看了看，他看到了熟悉的黑白相间的形状并感到放心。过了一会儿，送奶工到那块空地再次确认。那头奶牛确实在那儿，但它躲在树林里，而空地上有一大张黑白相间的纸缠在树上，很明显，农民把这张纸错当成自己的奶牛了。本案例提到尽管在官方和媒体最终确认事实真相之前真实公司就暴露了种种端倪，但是为防止其是"空地上的奶牛"，Q 先生再次确认后发现真实公司的公司治理、公司伦理等方面均存在非常严重的问题，他才制定了最终的决策，即尽快从公司离职。

执行决策

通过拨打匿名帮助热线获得决策建议以及进一步核实情况后，Q 先生果断以个人原因为由向公司提出了辞呈并且顺利离开了公司。因为 Q 先生来公司没多久，关系链也不是特别紧密，所以辞职的难度就大大降低了，同时公司所有的舞弊他从未参与其中，也就没有任何的法律风险。

评估决策

通过案例的最终结果以及 Q 先生对事态严重性的评估可知，Q 先生离职的决策是非常正确的，离职的时间也是非常合适的，不然真实公司从爆雷到退市都会对 Q 先生产生很大的负面影响。

第 2 篇

会计职业道德与
企业经营

3

会计职业道德与上下
游的关系

供应商案例："诚一公司"如何不诚

"诚一公司"的背景

诚一公司成立于 2001 年，公司创立之初并没有一个准确的市场定位，作为一家机械制造型企业，其客户不仅包括制造商，还包括一些政府机构以及非营利组织。随着时间的推移，公司逐渐掌握独特的核心技术，在竞争激烈的机械行业实现企业的转型升级，实现自身的发展。诚一公司主要经营范围涵盖零部件产品的开发、设计、制造、销售，进出口，房屋场地租赁等业务。

赵朋是一名注册管理会计师（CMA）以及国际注册会计师（ACCA），自公司成立以来一直在公司任职，从财务员做起，到任职 CFO。钱中是一名中国注册会计师（CPA），担任诚一公司的财务 1 部经理，在公司工作已有 7 年，目前主要负责公司内部财务监督工作。戴安是财务部的一名财务员，入职已有 3 年，对公司的各项业务都非常熟悉，主要负责与供应商之间的业务往来，包括供应商的入围管理、询价比价以及供应商关系发展等。原本"风和日丽"的财务部，今天却"乌云密布"，财务经理钱中正在与戴安进行一次并不愉快的谈话。

"诚一公司"出现的问题

钱中："戴安你可以解释一下为什么选择这些公司作为我们的材料供应商吗？你与采购部门人员存在任何利益牵扯吗？"

戴安忐忑道："经理，这些供应商都是通过正常招标、询价、比价程序最终确定的，几年来我们一直与他们存在合作关系，不曾有过较大的变化。我与采购部同事也仅仅是正常工作关系。"

钱中："最近我发现我们公司的产品成本一路飙升，与成本核算部门的几名同事商讨之后，发现主要问题存在于材料采购价格上，因此，我暗中进行了几次市场调查，发现我们给这几家供应商的采购价格远远超出当前的市场价格，你能解释一下吗？"

钱中接着追问："我们最大的供应商 E 公司的杰斯与你是什么关系，你们之间有利益牵扯吗？"

戴安含糊其词："采购价格高主要是因为我们在材料质量把控方面更为严格，质量好的材料价格肯定相对来说高一些，至于杰斯，我们之间私下并没有什么往来。"

钱中看着手头的发票不禁皱起了眉头，发票显示 D 公司供应的是优质钢材，但公司实际的废品率以及残次品率却有上升趋势，而进行实物盘查后，钱中发现 D 公司供应的钢材不过是普通钢材，价格不可能这么高。在草草打发了戴安后，他带着自己整理的戴安违反会计职业道德的证据敲开了 CFO 赵朋的办公室门。

钱中："您好，我想如实向您反映一些情况，这些资料请您过目。"

赵朋将钱中手中的资料翻开："看了你的资料，坦白地说，我同意这里存在一些问题。"

钱中："得到您的认同让我倍感放松，这个问题已经困扰我多日了。您认为我们应怎么办呢？"

赵朋："我不认为我们有问题。是你有问题。"

钱中："发票不匹配，供应商供给我们的材料与实物不符，价格过高。"

赵朋："胡说。我检查过这些交易，我确定你弄错了。像你这样的人不清楚自己到底在哪里工作和在做什么工作吗？现在这些资料就放在我这里，你可以出去了，还有其他问题吗？"

钱中："我想没有了，我马上出去。"

赵朋："好的，让我们好好处理此事，以后就不需要再纠缠这件事了。你是一名优秀的财务人员，我不愿看到类似的事情影响你的工作。"

钱中回到自己的办公室后静坐良久，他很清楚自己可能陷入的道德选择，面对现实的问题，他不禁感到迷茫。在长久的思考过后，他开始写自己的辞呈，但却无法集中注意力，问题似乎并没有得到解决，他该怎么办？钱中感到十分迷茫。

供应商关系中的会计职业道德

对"诚一公司"的五大质疑

在诚一公司的供应商关系事件中，钱中曾经进行过深入的调查，他发现，戴安对采购部门人员有贿赂行为，也确实与供应商之间存在利益牵扯。钱中对戴安工作的质疑主要在以下几个方面。

质疑一：入围供应商的准入管理是否存在缺陷。

质疑二：供应商之间是否互为关联，实际已构成围标。

质疑三：采购价格是否已经高出可以接受的合理价格水平。

质疑四：是否存在供应商偏向倾向。

质疑五：是否与供应商相互勾结。

作为一名合格的财务工作者，钱中对他的每个质疑进行了充分的调查，试图揭露戴安以及 CFO 赵朋的不道德行为。

关于质疑一：入围供应商的准入管理是否存在缺陷。

通过调查，钱中发现诚一公司一年钢材采购金额超过千万元，如此大额的物资采购，采购人员不在当地或周边地区寻找有实力的优质供应商，而是长期与外地小型中间商合作，令人费解。据了解，当地有不少大型钢材经销商，如 G 公司，注册资本 5000 万元，年销售钢材 50 万吨，而诚一公司仅向其询过一次价。公司舍近求远，选择规模小、实力弱的经销商进行合作。钢材、木材采购主要向几家单位询价，具体询价单位及其注册资本信息，如表 3-1 所示。这几家公司规模小，注册地址均在小区居民楼内，上网查询无相关信息和联系方式。

表 3-1　诚一公司主要询价单位及其注册资本信息

（单位：万元）

公司名称	注册资本
B 公司	3
C 公司	50
D 公司	100
E 公司	500

在了解到这些情况后，钱中对戴安及其团队的工作人员进行询问，对于如何寻找到供应商的解释，他们前后矛盾。第一次询问，说 D 公司、E 公司是自行到现场推销认识的，B 公司是网上查找的；第二次询问，解释说 E 公司是自行到现场的，B 公司和 D 公司是商务部负责人介绍的；最后一次询问，说以上三家公司均是商务部负责人介绍的。在询问商务部负责人时，商务部负责人说这三家公司均为自行到现场推销的。对于公司目前最大的供应商——D 公司，戴安给的解释则是商务部负责人介绍的。

戴安的解释显然是不可靠的，公司在入围供应商的准入管理方面的确存在缺陷。对供应商的进一步选择通过采购管理部主管其他各部门参与来进行最终决策，在整个采购流程之中有财务部人员参与的仅仅是供应商评审以及供应商选取，而戴安正是通过向采购部经理行贿来达到操控供应商选择的目的的。

关于质疑二：供应商之间是否互为关联，实际已构成围标。

诚一公司要求采购询价对象一般不能少于 3 家，公司每批次采购均向 4 家供应商询价，程序符合要求，但是实际执行过程中存在漏洞。例如，参与报价的 D 公司与 K 公司（中标电气工具、材料）为注册地不同的两家公司，但两家公司的报价单，均从同一个城市发出，且来自同一个传真机。后追查 D 公司的资质文件时，发现文件也是从上述传真机发出。D 公司报价单上印制的办公地址经网上搜索得知位于一家纺织品公司的代表处，传真号与 D 公司提供的传真号一致。经电话询问确认此传真确实为这家纺织品公司的代表处所有，但其并不知道 D 公司的存在。

由上述信息基本可以判断，D 公司报价单上提供的地址和传真号属冒用，而其与 K 公司共用一个传真号码，说明双方应为关联单位。而在工商局查阅 C 公司的工商档案时发现，C 公司登记的业务经理与 K 公司传真号码的开户人是同一人。到 K 公司登记的地址查看，其门面招牌为"C 公司"。由上述信息基本可以判断，C 公司和 K 公司为关联单位。因此可以确信：D 公司、C 公司和 K 公司为关联单位。

而 B 公司与 E 公司这两家单位的报价资料均来自同一传真号，且传真件均显示有 F 公司字样。之后我们拨通此号码询问发现，B 公司、E 公司、F 公司均在同一办公地点，电话也一样。由此可以确信：B 公司、E 公司及 F 公司为关联单位。B 公司、E 公司及 F 公司互为关联，C 公司、D 公司及 K 公司互为关联。

公司每次询价均采用从 C 公司、D 公司、K 公司以及 B 公司、E 公司 5 家中选择 3~4 家单位的方法，而实际上，由于其相互之间存在关联，最多有两家公司实际报价，报价被操控的可能性很大。与此对应，从 6 月至 12 月初，公司采购部共完成钢材采购 12 批次，合计采购额 1 055 万元，诚一公司部分询价单位及中标单位，如表 3-2 所示。其中，表中所列 8 批次作为举例，而实际有 10 批次均从 E 公司购入，采购金额高达 989 万元。

表 3-2 诚一公司部分询价单位及中标单位

时间	采购量	主要询价报价单位	中标单位
08 月 04 日	421.78 吨	C 公司、D 公司、E 公司	E 公司
08 月 28 日	188.35 吨	C 公司、D 公司、E 公司	E 公司
10 月 06 日	344 吨	B 公司、D 公司、E 公司	E 公司
10 月 10 日	9 吨	B 公司、D 公司、E 公司	E 公司
10 月 11 日	120.5 吨	B 公司、D 公司、E 公司	E 公司
10 月 17 日	50 吨	B 公司、D 公司、E 公司	E 公司
11 月 04 日	158 吨	B 公司、D 公司、E 公司	E 公司
12 月 11 日	162.5 吨	B 公司、D 公司、E 公司、G 公司	E 公司

诚一公司的供应商之间存在明显的关联关系。公司在供应商的管理方面尚存不足。

关于质疑三：采购价格是否已经高出可以接受的合理价格水平。

通过查询 E 公司当地钢材市场近几个月的价格走势及供求行情发现，从 8 月下旬开始，市场钢材价格开始急速下跌，终端需求疲软，观望气氛较浓，在这种对买方议价极其有利的大环境下，公司采购的钢材价格仍高出合理价格水平每吨 500~600 元，属不正常行为。诚一公司主要原材料采购价格调查，如表 3-3 所示。

表 3-3　诚一公司主要原材料采购价格调查

采购时间	钢材型号	E 公司当地市场价（元 / 吨）	合同采购价（元 / 吨）	合同与市场相比价差（元 / 吨）	供货方
8 月 4 日	16# 工字钢	5 250	6 420	+1 170	E 公司
	18mm 螺纹钢	5 340	6 350	+1 010	
8 月 28 日	16# 工字钢	5 150	6 030	+880	
	16mm 圆钢	5 150	6 300	+1 150	
10 月 6 日	16# 工字钢	4 700	5 800	+1 100	
	18mm 螺纹钢	4 400	5 500	+1 100	

关于质疑四：是否存在供应商偏向倾向。

通过上述质疑二、三可以初步预测存在供应商偏向倾向。而在公司其中一批钢材采购中，E 公司第一次报价时，有两个单项报价比 G 公司（当地大型钢材经销商）高，第二天，采购人员要求 E 公司进行了第二次报价，E 公司在进行第二次报价时将这两个单项报价刚好降至 G 公司报价以下，最后 E 公司以总价低于 G 公司 0.3 万元的微弱优势中标。且最后发现采购人员并未要求 G 公司等其他 5 家单位进行二次报价，存在明显的偏向 E 公司现象。

关于质疑五：是否与供应商相互勾结。

在钱中与戴安的谈话中钱中质疑戴安与供应商 E 之间存在利益牵扯，经过调查研究发现戴安确与 E 公司某高管存在亲属关系。

供应商关系管理三阶段

目前我国企业的信用管理研究多集中在销售侧，即供应商如何对其下游客户进行信用管理，忽视了供给侧，即购买方如何强化管理，从而反作用于上游供应商，在获取相应商品或服务的同时，保障企业采购以及支付资金的安全。公司对于供应商关系的管理大概可以分为三个阶段：**初建、发展、成熟**。

1. 初建阶段与会计职业道德

供应商关系管理的初建阶段主要包括对供应商的**入围管理、信息管理、科学抉择以及适时整合**，在此过程中不仅公司财务人员需遵守其职业道德，供应商也需要遵循一定的道德规范，这是双向的。供应商入围管理指的是在初步判断的基础上，在众多符合公司条件的供应商中选择数家供应商。信息管理则是对涉及供应商机密的信息做好保密工作，同时对供应商提供的信息进行真实性核查，对供应商尚未提供的信息进行主动收集。信息主要包括供应商公司经营实际情况、主要经营范围、顾客分布群体以及制造能力、诚实守信度等，通过以上信息来进行对供应商实力的初步审查以保证其供应稳定性。

当然，作为双向活动，供应商也要做好相应的信息保密工作。公司对于任何确定的或潜在的供应商都要与其签订公司信息保密协议，保证本公司的商业机密不被外泄。此外供应商要有其行为守则，保证以合法规、合道德的方式从事经营活动，例如禁止串标、围标、相互勾结。

在上述案例中，诚一公司对供应商的入围管理显然存在缺陷，诚一公司大额的物资采购，采购人员舍近求远不在当地或周边地区寻找有实力的优质供应商，而是长期与外地小型中间商合作，令人费解。作为财务人员在参与选择入围供应商时要做到成本与效益相结合，核查供应商信息，在面临多个选择时做出最优抉择，遵循真实性、可靠性的原则。

而诚一公司的供应商 B 公司、E 公司及 F 公司互为关联；C 公司、D 公司及 K 公司互为关联明显已经构成串标、围标，违反了供应商行为守则，这也提醒财务人员与采购人员等在审核供应商之间关系时要细挖、深挖。科学抉择是在信息管理的基础上，结合实际情况做出的供应商最优选择，诚一公司选择 B、C、D、E 四家供应商而不是规模大、距离近的 G 公司，显然不合理。适时整合是指在需求多样的情况下，为提高现有供应商以及潜在供应商的配合度，加强对供应商之间的关系做出整合，然而诚一公司显然没有适时整合。

2. 发展阶段与会计职业道德

在发展阶段主要是发展与供应商的良好合作关系，为了维持公司发展的持续稳定性，公司发展到一定程度后便会向前、向后整合，向前整合供应商资源，向后整合客户资源，而与供应商之间维持良好的合作关系就需要公司与供应商之间实现利益共享、风险共担，建立"命运共同体"；同时也可以避免不道德供应商的坐地起价行为。

诚一公司作为机械制造公司，所需钢材种类繁多，若仅仅与某一主要原材料供应商保持合作关系，显然也是不可取的，对于 E 供应商的偏向行为以及采购价格明显过高的行为财务人员应该秉承诚实守信、客观公正的原则进行相应的调查和监督，这样才能让相关的财务人员以及其他负责采购的人员为了中饱私囊而舞弊的行为被及时发现。

因此，在发展与供应商的良好关系时，财务人员首先要做到的就是诚实守信，将合作建立在诚实守信的基础上才能形成共赢的局面，在对供应商的选择上做到不偏不倚既是对供应商关系的维系也是公司稳定发展的必要条件。

当然，诚一公司钢材采购价格明显高出可以接受的合理价格水平的情况，排除财务人员中饱私囊的可能，也可以认为诚一公司财务人员违反了勤勉尽责，没有做好市场调查、进行充分的市场询价而导致公司利益流失。

3. 成熟阶段与会计职业道德

供应商关系管理最后一阶段是成熟阶段，鉴于处于此阶段的供应商与公司关系已经比较成熟了，在这个阶段一方面要做的是激励，另一方面要做的是监督。在市场竞争日益激烈的情况下，供应商面临的选择以及诱惑也会越来越多，为了保持与供应商的稳定关系，公司可能采取价格激励、数量激励、名誉激励或者三者结合的手段来巩固关系。另外，考虑到与供应商的关系越来越熟，公司财务人员或其他采购人员更容易与供应商存在勾结行为，或是因为来往日益密切或是因为存在亲属关系。供应商关系管理主要研究如何改善企业与供应商之间的关系，最大化地提高采购的效率，为企业与供应商搭建一个交流平台，通过双方长期、密切的合作，通过合作与分享，最大化地利用彼此手中的资源，实现双赢，而不是为采购部、财务部等部门与供应商之间的利益往来提供便利。

当存在利益冲突行为时该怎么做也是财务人员需要深思的问题。IMA管理会计师协会的《职业道德守则公告》中有关于正直性的说明：“每位成员有责任遵守并坚持正直性标准。避免潜在或者实际上的利益冲突，就任何潜在的利益冲突向各方提供建议。”

由此可见，IMA的职业道德行为准则并不完全禁止冲突，而是强调披露和缓解冲突。忽视或未意识到潜在的利益冲突才是真正的风险。

上述案例中，钱中面临一系列关于如何解决道德问题的困难抉择。他有理由认为戴安与供应商之间存在非正常关系，而他的上司赵朋也参与其中，他有实际的证据表明戴安的财务记录存在错报，需要予以更正。如果不做进一步调查并做出必要的更正，他将违背IMA《职业道德守则公告》中的胜任能力和诚信内容。

此外，钱中的上司赵朋阻止了他的进一步调查，这也与IMA《职业道德守则公告》中的正直内容冲突。IMA《职业道德守则公告》提到：“解决过程包括与成员的直接上司进行讨论。如果有着上司参与其中的嫌疑，则该问题可以递交给更高一级上司。”即使钱中决定不再将他的担忧告诉组织中其他人，根据IMA《职业道德守则公告》，他仍然可以采用两个建议："IMA 提供匿名帮助热线，会员可以致电以询问 IMA《职业道德守则公告》的关键要素如何应用于道德问题。从业会员应考虑咨询自己的律师，以了解有关该问题的任何法律义务、权利和风险。"采用这两个建议中的一个建议或者同时采用两个建议都是推荐的方案，这不仅是为了确定适当的行动方案，也是为了留下记录，即留下了证据表明钱中知晓该问题并试图解决这个问题。

客户案例："正斯品牌"
如何不正

"正斯品牌"的背景

正斯品牌始创于 1997 年，主要从事设计、开发、制造和销售体育用品，向美国市场提供专业的体育用品，包括运动鞋、服装及配饰。其产品在美国市场上广受欢迎。正斯在十几年间从一开始的家庭小作坊逐步发展成为数亿元规模的品牌公司和上市公司。正斯一直以它独特的销售方式在市场上保持着竞争力。

"正斯品牌"出现的问题

但在正斯财报即将报出之际，却出现了一些异议。社交平台上一位正斯的客户，名为马力的人发布了"正斯不公平对待客户"的内容，此条信息自发出后一小时内获得近百万网友的关注，网友们纷纷跟帖，表达自己对正斯的不满。为了迅速压制负面新闻保证融资的顺利进行，正斯外部公关负责人迅速发布公开道歉声明试图抑制事态的发展。

孙明是一名注册管理会计师（CMA）以及注册会计师（CPA），也是正斯财务 2 部的经理，在正斯财务处任职已有一年，对于正斯此次爆出的问题他决定一探究竟。

孙明探究的结果令他大吃一惊，正斯的客户管理简直是混乱不堪，正斯在商品折扣、信用政策、关系管理等方面均存在很大的问题，看似完美的背后实则"不堪入目"，出现这种引起公愤的情况不过是时间问题。

孙明首先查阅正斯的前五大客户资料，如表3-4所示，前五大客户销售额合计约占正斯年度销售总额的15%。孙明对该五大客户进行了实地走访，经调查发现，五家客户的三明治网布运动鞋采购价格均不一致，考虑到商业折扣、优惠等因素，孙明对该问题并未深究，但正斯对五大客户的收款信用政策也不同。更令孙明震惊的是客户E存在的真实性严重存疑。

表 3-4 正斯公司前 五 大客户资料

序号	客户名称	销售额（元）	占正斯年度销售总额比例（%）
1	客户 A	136 865 029.96	4.86
2	客户 B	124 094 736.73	3.65
3	客户 C	89 072 657.74	2.98
4	客户 D	64 726 892.65	1.71
5	客户 E	56 066 499.93	1.60
合计		470 825 817.01	14.8

经查证，正斯与客户E的往来并不具有商业实质。公司财务人员伪造商品的出入库单据，并按采购金额的一定比例计算税费、按采购金额的3%计算手续费支付给客户E，同时客户E将同一批货物销售给客户E控股的公司，整个贸易业务的商品购销形成闭环，对应的收付款形成资金闭环。上述贸易资金闭环均可追溯至财务记录，且资金闭环与贸易销售产生的应收账款存在对应关系。

上述业务显然为虚构业务。该情况导致正斯2020年虚增营业收入3 465.3万元，占当期收入的3.34%，虚增采购成本2 263.67万元。该行为严重违反了《中华人民共和国证券法》（以下简称《证券法》）第六十三条、第六十六条的规定，构成《证券法》第一百九十三条第一款所述"发行人、上市公司或者其他信息披露义务人未按照规定披露信息，或者所披露的信息有虚假记载、误导性陈述或者重大遗漏的"行为。

此外，正斯为了粉饰业绩，利用客户A、B在原销售业务的基础上虚构销售业务，人为扩大销售数量，使得公司在该客户名下确认的收入远远大于实际销售收入。正斯虚增应收账款和销售收入，同时虚构采购、生产、运输等一系列费用来虚增营业成本，最终达到虚增利润的目的。正斯虚构外销业务，以二级三明治网布替代一级三明治网布，以次充好，并模仿客户签字来伪造虚假的业务合同，从而在账面上虚增业务收入，形成一条完整的外销业务产业链。

此外，正斯利用关联方交易和与虚假客户交易来虚增内销业务，2016—2020年，正斯向客户A、B、E公司销售运动鞋这一产品，而调查显示，正斯在此交易过程中伪造了产品的采购、入库、出库等相关单据，虚增利润总额。同样，正斯财务总监勾结客户A、B、E并要求其配合充当虚假客户，涉及的虚假收入规模高达52 625.69万元，约占总销售额的1.56%。综上所述，正斯外销和内销业务均有造假，并以此来调节收入与成本从而虚增利润，达到顺利融资的目的。

客户关系中的会计职业道德

不道德行为分析

正斯除了在产品成本核算上存在上述不道德行为外，在客户关系上也存在大量不道德行为。一是成本核算人员李然与采购人员之间存在利益勾结。对于三明治网布的采购，存在人为提价的现象，采购人员并未按照正常程序进行采购且价格十分不合理，同时对于三明治网布的采购存在以次充好现象，成本核算人员李然按照一级网布价格进行成本核算，按照一级网布的价格报价，实际上验收入库的却是二级网布，二人相互包庇牟求私利。二是财务经理、李然以及供应商之间存在利益牵扯，参照正斯公司供应商排名情况，排在前两位的供应商是固定的并且其提供的参考价格明显高于其他供应商的报价，在比货定价以及市场询价方面的流程也不符合规范。

从这两个方面来看，正斯的财务经理以及成本核算人员李然均存在不道德的行为。在产品成本核算上，查阅正斯对外披露的信息，发现内部核算的账簿信息与其公开发布的信息存在不一致的情况。在采购、供货、核算、信息披露等方面，正斯都侵害了消费者的合法权益。在客户关系上，一方面正斯财务人员违反职业道德进行财务造假，与公司销售部门串通虚构商品采购、出库和入库单据，冒充客户签字，利用真实客户进行虚假的贸易往来；另一方面，虚增客户 E 来粉饰业绩。无论从哪个方面来看，正斯的财务经理及相关财务人员均违反了职业道德守则的要求。

IMA 职业道德及价值观分析

对于正斯的财务人员违反职业道德行为的分析，可以参考 IMA 对会计职业道德的规定和解读。

1. 职业道德行为

该项能力要求：遵守一套指导个人在工作场所行为的指导原则。并且能力要求是分为几个等级的，其中，第一级：认识到组织当前的职业标准和方针政策；根据社会规范、价值观和法律，以道德的方式行事。第二级：展示对商业环境中职业道德（例如保密性、能力、诚信）需求的理解；根据 IMA《职业道德守则公告》中列出的标准和原则或其他相关标准行事。第三级：基于组织或职业指南，识别个人责任中潜在的道德冲突；认识到组织核心价值观的重要性以及它们如何促进道德行为。第四级：在组织内培养道德行为和问责制文化；设计、实施并不断努力改进全公司的道德规范；为其他人提供有关组织道德准则如何适用于他们可能遇到的可疑情况的建议和培训。第五级：在整个组织中领导建立和维持适当的道德基调；提供专业知识，并作为组织面临的复杂道德冲突的榜样；通过建立和执行相关的组织制度和道德标准，来培养道德供应链。

2. 识别和解决不道德行为

该项能力要求：识别工作场所潜在的道德冲突和过失，并采取适当的行动。分等级能力要求，第一级：警惕办公场所潜在的不道德行为或欺诈活动；理解可信赖行为的重要性。第二级：识别道德冲突，例如利益冲突或易受欺诈的情况；怀疑不道德行为时，请遵循适当原则。第三级：帮助识别和解决包含道德困境的业务情况（例如销售目标、奖励、补偿、旅游和娱乐费用）；在商业环境中运用批判性思维和专业怀疑态度；识别可能干扰道德决策的文化规范的差异；将组织方针和 IMA《职业道德守则公告》应用于潜在的道德冲突。第四级：对其他人就组织道德决策、欺诈三角概念、IMA《职业道德守则公告》或其他道德建构进行培训；运用专业判断、战略知识和良好实践来解决复杂的道德冲突；在复杂情况下认识到

"危险信号"和风险，这可能表明存在有目的的虚假陈述；协助其他人解决道德冲突。第五级：应用内部控制专业知识，设计降低欺诈可能性和减少道德冲突的程序；设计道德与合规计划，包括培训、供应链沟通、供应商或客户资质；被公认为促进管理会计职业和价值观的道德思想领袖；支持组织内和贯穿价值链的道德行为精神。

3. 法律和法规要求

该项能力要求：以诚信执行组织的战略，遵守法律、法规和标准。分等级能力要求，第一级：遵守组织的法律和监管要求。第二级：理解法律要求的必要性以及其与保护公共利益之间的联系。第三级：为员工提供有关识别法律和监管冲突的指南；本着有关精神和法律规定，管理对就业、安全和其他商业法规的遵守情况；管理对行业特定法律、法规和报告要求的遵守情况。第四级：制定和实施计划、政策和程序，以确保遵守法律法规；当法律或法规冲突或不明确时，做出符合信托责任的道德决策。第五级：本着保护公共利益的精神，采取复杂且有时相互矛盾的商业法规来处理合规工作（例如采取税法、英国反贿赂法、美国反海外腐败法、欧盟通用数据保护条例、反洗钱或打击恐怖主义融资法案）。

IMA《职业道德守则公告》及案例分析

根据 IMA《职业道德守则公告》，IMA 成员的行为应该符合职业道德。对职业道德规范的承诺包括遵循 IMA 指导成员行为的价值观和标准的总体原则。IMA 职业道德原则包括诚实、公平、客观和负责。成员行为应该符合这些原则，并且鼓励组织内部的其他员工遵守这些原则。IMA 成员有责任遵守并坚持胜任力、保密性、正直性和可信性标准。如不遵守以上标准，IMA 成员将会受到纪律处分。IMA 成员应遵循的具体标准包括**能力、保密性、正直性、可信性**。

1. 能力

提供准确、清楚、简洁和及时的决策支持信息和建议。识别并帮助风险管理。

2. 保密性

（1）除了授权或法律要求之外，禁止披露工作中的机密信息。

（2）告知有关方面或人员正确使用工作过程中获得的机密信息，对其监管以确保合规性。

3. 正直性

（1）避免潜在或者实际上的利益冲突，就任何潜在的利益冲突向各方提供建议。

（2）避免从事任何妨碍道德履行职责的行为。

4. 可信性

（1）公平客观地沟通并传递信息。

（2）提供可能会影响意向使用者对报告、分析和建议的理解的所有相关信息。

正斯财务人员的行为可以参考上述标准进行分析。在能力方面，财务人员有责任发布相关的、可信赖的信息，并提供完整清晰的报告，正斯的财务经理显然没有做到这一点，对外披露的信息与实际信息不相符，信息不具有真实可靠性。

在保密性方面，要求除了授权或法律要求之外，禁止披露工作中的机密信息。告知有关方面或人员正确使用工作过程中获得的机密信息，对其监管以确保合规性。该公司的财务经理以及成本核算人员李然违背保密性原则向其供货商、客户透露机密信息，财务经理对财务人员的信息使用也没有做到合理监督，违反了准则规定，而财务人员与采购部门、销售部门人员勾结谋求私利也违反了正直的原则。

在诚信方面，要求所有职业和业务关系都是坦率和诚信的，但正斯的财务人员与采购人员、销售人员、客户、供应商以及关联方之间的利益勾结关系明显违背了诚信的要求，伪造产品的采购、入库、出库等相关单据虚构商品交易更不符合诚信的要求。

在客观公正方面，要求不允许偏见、利益冲突或他人不当影响凌驾于职业或商业判断之上，避免潜在或者实际上的利益冲突。但在财务人员、客户以及供应商三者之间难以避免利益冲突，且在对供应商的选择上，从前两位供应商的固定性以及所提供的服务来看并未做到公平客观，在对客户的管理上，对客户购货成本、信用政策也存在区别对待的现象。

在可信性方面，要求公平客观地沟通并传递信息，提供可能会影响信息使用者对财务报告的分析和决策有用的信息。但正斯对外提供的信息既不具有完整性也不具有真实性，更谈不上相关性。

综上所述，这种种不道德行为，对消费者而言都属于侵犯利益的行为，《消费者权益保护法》明确规定，消费者享有**知情权、受尊重权、安全权、监督权、公平交易权、选择权、求偿权、结社权、获取知识权**。正斯对前五大客户的购货成本都存在区别对待的行为，而其他中小客户更会遭遇不公平的对待，这对客户而言无疑是一种侵害，打击了客户积极性，不利于维持良好的客户关系。

那孙明该何去何从呢？在应用 IMA《职业道德守则公告》的过程中，IMA 会员可能会遇到不道德的问题或行为。面对这些情况，会员不应忽视它们，而应积极寻求解决问题的方法。在确定要遵循的步骤时，会员应考虑所涉及的所有风险以及是否存在防止报复的保护措施。当遇到不道德的问题时，会员应运用其组织所制定的政策，包括使用匿名举报系统（如果可用的话）。如果组织没有制定相关的政策，会员应考虑其他行动方案，甚至考虑与该组织解除关系。

新版 IMA《职业道德守则公告》中"道德问题的解决"部分，与 2005 版相比的主要变化如下。一是提出了对于"违背道德问题"，先通过组织内已制定的"道德政策"解决。二是增加了"违背道德问题"的咨询热线，IMA 道德热线旨在对 IMA《职业道德守则公告》的条款进行解释说明，包括对如何解决职业道德冲突给予建议。三是为了严守"职业道德"，增加了"走为上"的解决方案。

因此，孙明对于面临的问题可以有五种解决办法：一是根据已经掌握的信息以及公司规定运用匿名举报系统，对同事的不道德行为进行匿名举报，既可保护自己不被打击报复还能将该问题及时反映；二是由于孙明的直接上司也牵涉其中，他可以向更高一级的上司反映该情况；三是可以致电询问 IMA 如何解决此问题，从 IMA 得到专业的指导意见；四是将情况如实告知自己的律师，在了解该问题的权利、义务以及面临的风险后参考律师给出的意见做出选择；五是脱离该组织。

思考过后，孙明决定发挥财务人员的作用试图揭开正斯不"正"的面纱。他开始收集相关造假证据，并将自己了解到的情况反馈给更高一级上司——公司 CEO，CEO 在详细查看本年度财务报表、总账账户、明细账户以及与各相关客户资料进行核实后，决定重新编制当年的财务报表并对前期报表进行重述，并任命孙明为新一任公司 CFO，将此次涉事造假人员按涉事程度依次给予警告、严重警告、开除处分。在新一轮的报表编制工作后，正斯最终公开报出正确的财报，虽没有粉饰后的报表具有吸引力但却准确、真实，使正斯公司及其主要负责人免遭证监会等部门的处罚。

同类型的安诺公司却没有做到悬崖勒马。经证监会查明，安诺在出口业务中，虚构《补充协议》和《境外服务协议》，在出口环节以服务费的名义，将商品的价格在出口委托价的基础上虚增 1%、3% 或 5%，形成报关价；在外贸环节以服务费的名义，将全部货物的价格在报关价的基础上虚增 1.95%，形成境外销售价。境外销售金额与出口委托金额（含正常代理服务费）之差为虚增收入，虚增收入等同于虚增利润。其中，2014 年虚增营业利润 3 627.41 万元，2015 年虚增营业利润 10 214.41 万元，2016 年虚增营业利润 2 151.41 万元，2017 年虚增营业利润 6 593.72 万元，2018 年 1 月至 3 月虚增营业利润 6 904.59 万元。此外安诺还存在隐瞒关联方交易的情况，证监会在进行情况调查后对安诺公司作出严厉的处罚。

由此可见，面临相同问题时的不同选择会给公司带来截然相反的后果，不论何时财务人员都应当紧守道德底线、遵守道德准则。

4

会计职业道德与投资人
关系

债权人案例："德巧公司"如何不德

"德巧公司"的背景

德巧公司于 2005 年成立，其主要发展历程如图 4-1 所示。德巧公司主要经营啤酒酿造与销售，其创立者德全持有公司 95.5% 的股份。公司自成立以来经营规模不断扩大、经营业绩蒸蒸日上，成为当地的"明星"企业。但是，在公司成立几年后，德巧公司在公司职员与债权人毫不知情的情况下成为一个空壳公司并被告上法庭，一系列的丑闻最终淹没了德巧，"德巧公司 3 000 万元货币资金不翼而飞""恶意串通债权人虚假诉讼以瓜分利益""利润表现良好的情况下德巧公司为何举债运行""有钱不还，数十名债权人聚集德巧楼下"等一系列新闻令公司控制人德全以及公司财务总监德安感到焦头烂额。

图 4-1 德巧公司发展历程

"德巧公司"出现的问题

在成功赚取第一桶金后，德全选择大肆扩张，与当地另外两家较大的啤酒经销商合作并签订分销协议，这一举动也使得德巧公司的销售额有了突飞猛进的增长。德安在此时提醒德全，在公司快速扩张时若无法及时注入足够的运作资金，资金链的断裂乃必然发生之事，然而德全野心十足，哪里听得进去。

公司进入快速发展时期，而资金库存不足以使公司紧跟当前的发展态势。无法实现资金流的畅通，保持发展势头简直是天方夜谭。而德全为了保持自身的绝对控股地位毅然放弃股权融资而选择进行债权融资。一方面对外举债，发行面值 1 000 万元的公司债券；另一方面对内举债，鼓励员工放贷。但外部债券的成功发行并没有完全解决资金不足的问题，内部员工对公司目前的发展战略并不抱有期待，因此仅有小部分员工愿意对公司放贷。

受 2008 年金融危机的影响，全球啤酒业市场不断萎缩，销售价格呈现大幅回落的趋势。以销售啤酒为主要盈利来源的德巧公司也随之进入艰难时期，产品的滞销导致库存严重积压。在此困境面前，德巧公司只能选择将重点放到研发新酿造工艺上。德巧公司发行的债券也面临到期赎回的问题，但此时的德巧公司已无力赎回债券，经过粗略计算，当前公司亏损约 1 500 万元，约为上一年公司盈利总额的 2 倍，该如何缓解当前公司的债务压力，安全度过金融危机成了公司无法躲避的现实问题。

为了外部融资的顺利进行，财务总监德安对财务报表进行了一定程度的粉饰，将德巧打造成一个资金状况良好、发展势头强劲、竞争优势明显的增长型企业。而在公司不存在明显增长点、缺乏核心竞争力的前提下，要想顺利撑过金融危机，别无他法，只能通过再融资。但在外部债券尚未赎回，员工放贷情况不理想的情况下想要再融资如同大海捞针，因此德全与德安商议了如下方案。

坐以待毙：公司将会在两个月内把当前的资金基本消耗完毕，清算解散将会如期而至，接受处分在所难免，艰辛创业多年最后一无所有。

金蝉脱壳："科学"部署公司结构、"合理"处置公司当前资产，采取有计划的资本运作，只要能成功转移公司资产，悬空债务，即使事后接受处分，也不至于一无所有。

经过反复思量，他们最终决定施展"金蝉脱壳"之术。

首先，在未进行公开披露的情况下卖出存货，且售出价格低于市场价格的20%。

其次，将公司酿造技术经评估机构评估后按低于评估价格的50%转让，并与受让方签订保密协议，约定近三年内不可将此项内容公开，并在将所得全部款项转移到分公司W后，向工商部门谎称德巧公司已经通过自行解散与清算的方式，合法解决所涉及的债权债务纠纷，申请把公司（包括分公司W）予以注销。

在注销申请通过后，又以财务总监德安的名义设立新公司——巧典公司。经过这一系列的运作巧妙地在公司经营不发生剧烈变动的情况下，甩掉公司债务的包袱，成功"金蝉脱壳"。德巧变巧典成功"金蝉脱壳"的流程，如图4-2所示。

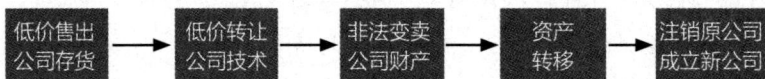

| 低价售出公司存货 | → | 低价转让公司技术 | → | 非法变卖公司财产 | → | 资产转移 | → | 注销原公司成立新公司 |

图4-2　德巧"金蝉脱壳"流程

但先前的外部债权人以及尚未结款的客户发现该问题后立即将德巧公司告上法庭并提出如下主张。第一，巧典公司的设立实质为德巧公司逃避债务，德巧公司在未通知债权人的情况下，自行解散与清算，严重损害了债权人所享有的合法权益。请求法院撤销其注销行为，恢复其法人资格。第二，请求法院宣告德巧公司破产，并依法成立清算组，开展清算活动。第三，认定德巧公司存在资产转移行为，并将实际资金纳入破产财产，最终德巧公司宣告破产并实现破产清算。

德巧公司至此破产，但事情并未因此而平息，德安利用其人际关系联系十几位债权人与其达成协议，重新书写欠条，虚增欠款近500万元，并提起诉讼，试图与债权人合伙套利，但谎言最终被拆穿。除此之外，为了外部举债的顺利进行，德安曾通过仿造、变造增值税发票等方式虚增营业收入，通过伪造、变造大额定期存单等方式虚增货币资金，通过将不满足会计确认和计量条件的工程项目纳入报表等方式虚增固定资产等来虚增利润粉饰报表以彰显公司"实力"。这也解释了为何德巧账面资金充裕却无法偿还借款，以至于出现债权人齐聚楼下的丑相。

债权人关系中的会计职业道德

基于 GONE 理论的问题分析

根据 **GONE 理论**，我们可以对财务总监德安的不道德行为进行分析。GONE 理论的四要素分别是贪婪（Greed）、机会（Opportunity）、需要（Need）、暴露（Exposure）。舞弊的 GONE 理论的具体内容，如图 4-3 所示。

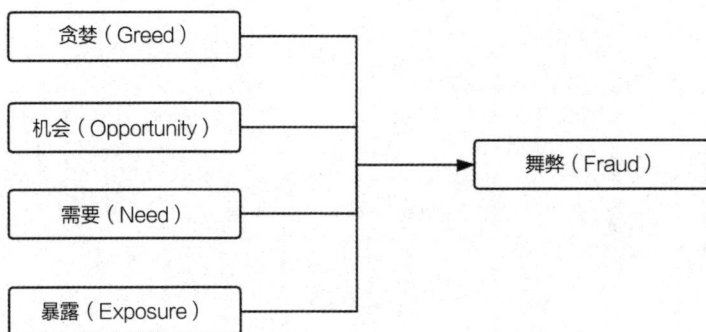

图 4-3　舞弊的 GONE 理论

从贪婪因子来看，德巧公司控制人德全以及财务总监德安在公司明显存在重大经营问题的时候选择掩盖问题、甩开问题，既想不被处罚又想从中套取利益；在进行外部举债前对向外公开的报表造假来为外部融资铺路，套取资金，实属贪婪之心在作祟。

　　机会本身就与舞弊者在企业中掌握的一定权力有关，管理当局本身拥有相对信息优势及管理会计工作权限，倘若他的行为得不到应有的监督和制约，他就有机会通过非法会计操作获取利益。德安作为公司的财务总监，执掌公司财务大权，利用信息不对称的事实进行报表造假，非法披露不真实信息；而财务总监的职位以及权力本身就为德安的违规行为提供了"作案"机会。在德巧面临破产困境时，为了谋求自身的利益，德安在面对坐以待毙和金蝉脱壳两个选择时毅然选择金蝉脱壳，动机不良使得企业也走上了一条不归路。

　　需要因子也被称为"动机"因子。动机是行为产生的关键，正当的行为动机产生适当的行为，而不良的行为动机则容易在外界刺激下产生不正当的行为。德巧的内忧外患引发德全与德安一系列不正当的行为。在内面临资金不足公司发展困难的问题，在外面临举债到期难以偿还的危机，因此为了维持内部稳定、平息外部非议，德安选择通过不正当手段弄虚作假来掩盖公司真实状况。

　　暴露因子的主要内容是舞弊行为被发现和被披露的可能性。德巧公司内部组织结构较为简单，缺少有效的治理，没有设立专门的内审、内控部门，从内部来看，舞弊行为被发现的可能性较低，而德安的造假手段即使在进行外部审计时也很难被发现。

基于 IMA 道德决策六步法的问题分析

　　假设你是德巧公司的一名财务人员，面对财务总监德安的违反职业道德行为你会作何选择呢？建议从道德决策六步法来进行分析，道德决策六步法具体流程，如图 4-4 所示。本书第 2 章提到过 IMA 道德决策六步法的内容：**定义问题、辨识备选方案、评估备选方案、制定决策、执行决策和评估决策。**

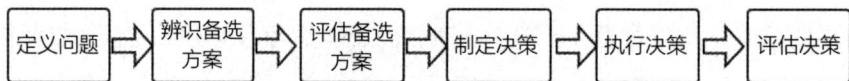

图 4-4　道德决策六步法

1. 定义问题

　　假设德巧的一名财务人员，发现了公司财务总监以及公司控制人存在违反道德的行为。例如财务总监德安通过仿造、变造增值税发票等方式虚增营业收入，通过伪造、变造大额定期存单等方式虚增货币资金，通过将不满足会计确认和计量条件的工程项目纳入报表等方式虚增固定资产等方式来虚增资产、虚增收入、虚增利润，从而进行财务报表粉饰，明显违背了 IMA《职业道德守则公告》**的诚实标准**；与公司控股人联合逃避债务，与债权人联合弄虚作假牟取私利违反了**公平原则**；发行债券却没有按时赎回，在公司经营遭遇困境时选择隐瞒公司员工以及债权人，低价变卖公司财产，进行资产转移，并注销原公司成立新公司侵害债权人合法权益，严重违反了**正直性原则**；为顺利进行外部融资对财务数据造假，披露虚假信息，虚假诉讼签订巨额白条单等违反了**可信性原则**。

2. 辨识备选方案

　　该财务人员发现有人违背职业道德时，应考虑以下行动方案。①与直接上司讨论。如果上司有参与其中的嫌疑，则该问题可以递交给更高一级上司。②IMA 提供匿名帮助热线，会员可致电以询问如何解决道德问题。③应考虑咨询自己的律师，以了解有关该问题的任何法律义务、权利和风险。④运用其组织所制定的政策，包括使用匿名举报系统。⑤如果这些方案都未能成功解决问题，不妨考虑与该组织解除关系。因此对于面临的问题有五种备选方案。

3. 评估备选方案

　　该财务人员在进行方案评估时考虑到结果大小、社会舆论、效应可能性、时间即刻性、亲密性、效应集中性以及违规人员的公司职位与权力等因素，对上述五种备选方案进行了综合评估，最终选择与该组织解除关系。由于上述案例中公司财务总监以及绝对控股人均涉及违规行为，选择与上级讨论以及匿名举报的效应可能性不大；另外考虑到公司目前的实际情况，持续经营的可能性很小，与其到时被迫离职还不如现在主动辞职。

4. 制定决策

该财务人员在进行了进一步的调查后，再次确认财务总监德安、控制人德全的违规行为以及公司目前的实际运营状况，认为以最快的方式和最合适的理由递交辞职申请书以及做好相应的工作交接是最佳选择。

5. 执行决策

进一步核实情况后，该财务人员果断以个人原因为由向公司提交了辞呈并且顺利离开了公司。因为公司本身处于入不敷出的状态，而且资产的转移也是在隐瞒员工的情况下进行的，所以该财务人员并不奢望得到很好的离职福利，能够平安离开是最好的结果。

6. 评估决策

职业会计师在揭发公司舞弊上承担了越来越多的社会期望与法规要求，但职业会计师在舞弊揭发上面临两难困境；一方面需要遵循"保守秘密"的职业操守，另一方面又要承担揭示舞弊、维护公众利益的责任。

案例的结局与职业会计师不同，以该财务人员的实力来看，大胆揭露舞弊可能会给自身带来伤害，离职是该财务人员最好的选择，既不损害自身利益也没有卷入德巧的黑暗旋涡。

股东案例："仁美公司"如何不仁

"仁美公司"的背景

仁美公司成立于 2011 年，公司成立之后利用《仁美精英》这款产品打入游戏市场并取得了优异的成绩。公司立志成为全中国最好的游戏研发公司，2014 年 7 月成功在深交所挂牌上市。从此以后，走上了通过内生增长及外延并购不断扩大公司规模之路。2015 年到 2019 年，从一开始单一的业务范围到后面的多元化发展，从游戏研发、营销、品牌内容营销到影视娱乐业务，仁美公司发展得十分迅速。公司上市之后，在 2015 年到 2017 年直接并购的公司就有 7 家，这 7 个并购案基本属于高溢价并购，合计形成商誉 84.51 亿元。

"仁美公司"出现的问题

自 2015 年以来，我国证券市场并购重组中的高承诺、高估值的"双高"现象屡见不鲜，经统计，2015 年度，证券市场中并购重组平均溢价率高达 907.47%。从 2016 年上半年数据看，溢价比率还在持续上涨，仅上半年就达到了 1 131.38%，而商誉的增加不仅仅体现在 2015 年到 2016 年上半年这一时段，事实上，从 2010 年到 2018 年第三季度，全部 A 股公司商誉总值都在不断上涨，2012 年到 2015 年增速更加明显，其中 2015 年到 2016 年上涨最快，增速达到 96%。

随后的几年上升速度变慢，可能是部分公司对商誉计提了减值，延缓了商誉的上涨速度。仁美公司的这 7 家并购均属于非同一控制下的企业合并，7 家被并购公司合并成本与可辨认净资产公允价值相比差距较大，存在高溢价并购现象，同时签订了高业绩承诺契约，但 7 家公司的业绩完成状况不容乐观。仁美公司的 7 家被并购公司业绩承诺与实际完成情况，如表 4-1 所示。

表 4-1　仁美公司 7 家被并购公司业绩承诺与实际完成情况

公司代码	未完成年份	承诺额度（万元）	实际完成情况（万元）	差额（万元）
1	2016 年	19 564.55	13 561.75	−6 002.80
2	2018 年	145.19	−214.5	−359.69
3	2016 年	40 365	14 392.07	−25 972.93
4	2018 年	5 560	5 306.07	−253.93
5	2016 年	87 694	55 233.54	−32 460.46
6	2018 年	13 140	2 390.24	−10 749.76
7	2016 年	635.29	113.65	−521.64

由表 4-1 可知 7 家公司的业绩承诺均未完成，实际上定下的业绩承诺是并购日仁美公司对并购标的公司业绩的预期，只有被并购公司保质保量完成了业绩承诺，才能说明仁美公司给出的并购价格是合理的。

显然，仁美公司给出的并购价格明显远远超过了 7 家公司的实际价值。而且业绩承诺期过后被并购公司的净利润出现了大幅下滑，主要产品已到衰退期，新用户少、老用户流失严重，在海外上线的新产品收入低，还有的产品并没有研发成功。

王政是一名注册会计师（CPA），担任仁美公司的财务总监，黎明是该公司的 CEO，他们二人存在着公司上下公认的"默契"。王政、黎明与公司其他高层商议决定利用商誉减值来进行利润调整，于是在 2018 年一次性计提了大额的商誉减值，从而引起了证监会的关注。但王政解释说，仁美公司并没有通过计提资产减值来调节利润，此次计提资产减值是由于2018年宏观政策还有市场环境变化很大，公司的游戏产品研发进度未达标以及好几个游戏产品没能上线，一部分子公司的业绩相比上一年下滑较多。所以公司对包含商誉在内的资产计提减值，属于正常的会计处理范畴。

然而王政的解释并不能使股东以及证监会满意。仁美公司的内部管理早就存在一系列弊端，财务总监王政和CEO黎明把控着整个公司，高度的集权化管理，更容易滋生股东利益受损问题。

除了**利用商誉减值进行利润操纵**外，仁美公司还存在"一股独大"现象，发生了大股东侵害中小股东利益的行为。经对仁美公司的进一步分析，不难发现其存在以下几个问题。

①通过虚增应收账款、预付账款等方式粉饰财务报表，虚增营业收入和利润。

2017年至2018年，仁美公司通过开展虚假业务的方式，虚增营业收入、营业利润、应收账款以及预付账款。2017年虚增营业收入、利润总额占合并利润表当期披露利润总额的8.29%；2018年虚增营业收入、利润总额占合并利润表当期披露利润总额的25.90%；2017年虚增预付账款占公司披露总资产的3.11%和披露净资产的3.68%；2018年虚增应收账款占公司披露总资产的0.5%和披露净资产的0.6%，虚增预付账款占公司披露总资产的2.89%和披露净资产的3.69%。但是这些数据在2018年年度报告中均未披露。

②通过向银行、券商等质押股权进行担保借款等。

查阅仁美公司公告发现，其对股权质押披露的相关信息十分匮乏。但由于2018年上半年，资本市场股权质押频频爆雷，公司因为其高质押率，对股权质押的资金流向进行了解释。公告显示，仁美公司的实际控制人及其一致行动人通过股权质押获得的资金并没有支持上市公司的发展，实际情况是控股大股东将质押股权获取的资金流向了自己实际控制的非上市公司。这增加了中小股东的财务风险，而且没有给予他们任何回报，侵占了中小股东的利益。

③通过一些非公允关联交易侵占资产。

2018 年年报显示，仁美公司的控股股东及其关联方占用 6.58 亿元资金尚未归还，占最近一期净资产的 9.61%。根据年报附注显示，该笔资金为仁美公司对其关联方的投资借款，占其他应收款的 95.19%。同时，2018 年年报并未详细披露上述非经营性资金占用的具体情况，如此高额的资金占用去向成谜，这也引来了深交所的质疑。2018 年年度报告披露后，仁美公司对控股股东及其关联方占用资金进行了相应的专项自查，但是也没有取得实质性的结果。仁美公司最终成为大股东侵占中小股东利益的又一个鲜活的例子。

股东关系中的会计职业道德

基于舞弊三角理论的问题分析

依据舞弊三角理论，舞弊行为的产生是由于**动机与压力、机会、态度与借口**三个因素。舞弊三角理论，如图 4-5 所示。

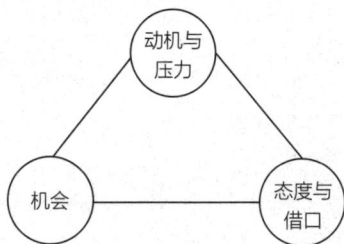

图 4-5　舞弊三角理论

1. 压力与动机

从压力与动机的角度来看，舞弊风险因素分为四个细类：①财务稳定性或盈利能力受到经济环境、行业状况或经营情况的威胁；②管理层为满足第三方预期或要求而承受过度的压力；③管理层或治理层的个人财务状况受到被审计单位财务业绩的影响；④管理层或经营者承受更高级管理层或治理层对财务或经营指标过高要求的压力。

从仁美公司的现实情况来看，公司在 2018 年由于宏观政策还有市场环境变化很大一次性计提了大额的商誉减值，极有可能是因为承受了来自控股股东的压力，以及财务总监与管理层进行利益勾结从而粉饰财务报表达到利益侵占的目的，只顾谋求自身利益，损害中小股东利益。

2. 机会

从机会的角度来看，舞弊风险因素分为四个细类：①所在行业或其业务的性质为编制虚假财务报告提供了机会；②组织结构复杂或不稳定；③对管理层监督失效；④内部控制存在缺陷。

仁美公司的主要业务是游戏研发，自身的业务性质为某些方面的造假提供了便利，例如研发费用。当然，更重要的是仁美公司的法人治理结构存在问题，实际控股股东"一言堂"的行为不仅使得公司法人治理结构非常不稳定，还使得公司内控失灵，对管理层监督失效，给管理层舞弊带来了机会。

3. 态度与借口

从态度与借口的角度来看，舞弊风险因素主要是管理层态度不端或缺乏诚信。仁美公司的 CEO 与财务总监均存在舞弊欺诈行为，不论是在并购过程中管理层向分析师、债权人或其他第三方承诺实现激进的或不切实际的预期目标、利用商誉减值进行利润操纵，还是进行虚增利润、股权质押、关联交易等无疑都对中小股东的利益造成损害。

基于中国注册会计师职业道德基本原则的问题分析

目前，许多国家和国际性会计准则研究机构都制定了自己的"财务会计概念框架"，只是名称不尽相同。其中，影响较大的包括美国财务会计准则委员会（FASB）的"财务会计概念公告"、国际会计准则理事会（IASB）的"编制财务报表的框架"、英国会计准则理事会（ASB）的"财务报告原则公告"、澳大利亚会计准则委员会（AASB）的"会计概念公告"、加拿大特许会计师协会（CICA）的"财务报表概念"以及韩国会计准则理事会（KASB）的"财务报告概念框架"。

1992 年 11 月，我国第一次发布《企业会计准则》，并于 1993 年 7 月 1 日开始执行。2006 年 2 月发布修订后的《企业会计准则——基本准则》，并于 2007 年 1 月 1 日实施。《企业会计准则——基本准则》作为我国企业会计准则体系的第一层次，客观上发挥着财务会计概念框架的作用。

如同本书第 2 章所述，2020 年中国注册会计师协会修订完善职业道德概念框架，并于 2020 年 12 月 17 日发布《中国注册会计师职业道德守则（2020）》和《中国注册会计师协会非执业会员职业道德守则（2020）》。新实施的职业道德守则实现与国际职业会计师道德守则的全面趋同，体现出我国对国际准则持续全面趋同的主张及承诺。中国注册会计师职业道德概念框架发挥着会计职业道德守则本身演绎、推导与制定的理论基础与逻辑指南的作用。

根据新修订的《**中国注册会计师职业道德守则（2020）**》，职业道德基本原则分为以下 6 个方面：**诚信、客观公正、独立性、专业胜任能力和勤勉尽责、保密、良好职业行为**。中国注册会计师职业道德基本原则，如表 4-2 所示。

表 4-2　中国注册会计师职业道德基本原则

基本原则	核心内容
诚信	在所有的职业活动中保持正直、诚实守信
客观公正	客观：按照事物的本来面目去考察，不添加个人的偏见 公正：公平正直，不偏袒 公正处事，实事求是，不由于偏见、利益冲突或他人的不当影响而损害自己的职业判断
独立性	不受外来力量控制、支配，按照一定规则行事
专业胜任能力和勤勉尽责	持续了解并掌握当前法律、技术和实务的发展变化，将专业知识和技能始终保持在应有的水平，确保提供具有专业水准的服务
保密	对所获知的涉密信息保密
良好职业行为	遵守相关法律法规，避免发生任何可能损害职业声誉的行为

针对仁美公司的财务人员的行为结合上述文件的部分内容进行如下道

德行为分析。在诚信方面，要求会计师在所有的职业活动中保持正直、诚实守信，但公司财务总监与管理层其他领导进行勾结，通过一次性大额计提商誉减值来进行利润操纵；粉饰公司财务报表，伪造应收账款、预付账款、销售收入、营业利润；隐瞒股权质押的事实对中小股东造成利益侵害，均不符合诚信的要求。

在客观公正方面，要求会计师按照事物的本来面目去考察，不添加个人的偏见；公平正直，不偏袒。仁美公司的实际控制人对中小股东的利益侵占显而易见，财务总监王政的虚假财务报表编制行为也损害了中小股东的利益。在股权质押方面，仁美公司的实际控制人及其一致行动人通过股权质押获得资金，并不是为了上市公司本身的发展，而是使资金流向了自己实际控制的非上市公司。这种种行为对中小股东而言显然有失公正。

在独立性方面，应当从实质上和形式上保持独立，不得因任何利害关系影响其客观公正。公司财务总监王政与其他管理高层存在利益牵扯，恶意勾结以达到侵占公司利益的目的，显然没有满足独立性的要求。

在良好职业行为方面，财务总监王政的行为并没有遵循法律法规的要求充分披露企业财务信息，相反通过虚增应收账款、预付账款等手段粉饰财务报表，虚增营业收入和利润。

从以上信息可以看出，仁美公司财务人员王政缺乏诚信，违反财务人员职业道德，与公司其他管理高层勾结侵占中小股东利益，对公司股东的利益，对整个企业的声誉和形象都有着一定程度的损害。我国资本市场还有待提高，上市公司的信息披露制度有待更进一步完善，所以大股东利益侵占在某种程度上也很难避免，这不仅会影响公司的正常运营，还会使投资者失去信心。除了依靠市场监管、法律法规约束，作为一名财务人员也需要为维护股东利益付出一定的努力。

第 5 章

会计职业道德与监管关系

监管案例：财务造假孰之过

　　"昨夜雨疏风骤，浓睡不消残酒。试问卷帘人，却道海棠依旧。知否，知否？应是绿肥红瘦。"——［宋］李清照《如梦令·昨夜雨疏风骤》。意思是昨夜雨虽然下得稀疏，但是风却劲吹不停，虽然睡了一夜，仍有余醉未消。问那正在卷帘的侍女，外面的情况如何，她说海棠花依然和昨天一样。知道吗？知道吗？这个时节应该是绿叶繁茂，红花凋零了。其中"却道海棠依旧"这句话是侍女的回答，却让词人感到非常意外。本来以为经过一夜风雨，海棠花一定凋谢得不成样子了，可是侍女看了看外面之后，却漫不经心地答道：海棠花还是那样。一个"却"字，既表明侍女对女主人的心事毫无觉察，对窗外发生的变化无动于衷，也表明词人听到答话后感到疑惑不解。她想："雨疏风骤"之后，"海棠"怎会"依旧"呢？这就非常自然地带出了结尾两句。同时，我们也可以理解为侍女的不作为或者弄虚作假，但是词人对此回答的真伪却是心知肚明。

　　同样道理，企业在财务信息列报的过程中又何尝不是"海棠依旧"呢？明明企业的财务状况和经营结果已经败絮其中了，为了粉饰企业财务状况，不惜一切代价虚增收入、虚增资产、虚增利润。因此，加强企业的内外部监管是非常有必要的，加强监管有助于企业会计职业道德水平的提升。

证监会处罚对象与缘由

　　中国证监会行政处罚决定书（Z股份有限公司、孙某等10名责任主

体）涉及三位责任主体，分别是：吴某，男，1951 年 11 月出生，2008
年 3 月至 2012 年 6 月任 Z 公司财务总监，住址位于北京市怀柔区；晏某，
女，1963 年 12 月出生，1999 年 10 月至 2012 年 9 月任 Z 公司财务部副
经理，2012 年 9 月至 2015 年 4 月任 Z 公司计财部经理，住址位于北京市
东城区；李某，男，1967 年 8 月出生，2012 年 6 月至 2015 年 6 月任 Z 公
司董事，2012 年 6 月至 2015 年 4 月任 Z 公司财务总监，住址位于北京市
东城区。

Z 公司的子公司 S 公司于 2009 年 4 月召开销售专题会议，在预计当
年销售收入约为 4 亿元的情况下，为完成 10 亿元销售目标，决定采用预售
方式完成业绩，同时按照 10% 价格让利和同期商业贷款利率支付客户预付
款利息（实际执行的利率以合同双方最终结算数据为准）。S 公司收到客
户预售款后，借记银行存款（或应收票据），贷记预收账款，同时虚构货
物的销售合同、出库单等资料虚增收入，在账面借记应收账款，贷记主营
业务收入，月底将预收账款和应收账款进行对冲核销。

在 S 公司纳入 Z 公司合并报表的 2009 年至 2014 年期间，累计虚增
营业收入近 50 亿元，累计少计财务费用近 50 亿元，累计虚增利润总额近
100 亿元。

S 公司与客户签订的预售合同，未发货资金占用成本为 12%~15%，S
公司以银行存款、银行承兑汇票和货物支付产生的财务费用，未入账。在
2009 年至 2014 年纳入 Z 公司合并财务报表期间累计少计财务费用近 50
亿元。

因账面虚增收入、少计财务费用分别造成 2009 年 S 公司账面虚增
利润总额 23 亿元，占当年 Z 公司合并报表利润总额的 30.95%；2010 年
S 公司账面虚增利润总额 15.6 亿元，占当年 Z 公司合并报表利润总额的
51.54%；2011 年 S 公司账面虚增利润总额 8.1 亿元，占当年 Z 公司合并
报表利润总额的 47.24%；2012 年 S 公司账面虚增利润总额 25 亿元，占当
年 Z 公司合并报表利润总额的 154.23%；2013 年 S 公司账面虚增利润总额
27.3 亿元，占当年 Z 公司合并报表利润总额的 189.66%；2014 年 S 公司账

面虚增利润总额 16.3 亿元，占当年 Z 公司合并报表利润总额的 6.56%。

2014 年 12 月 24 日 Z 公司与 Z 公司投资有限公司（以下简称"Z 投资公司"）签署股权转让协议，将其持有的 S 公司 51% 股权转让给 Z 投资公司。转让后 Z 公司持有 S 公司 49% 股权，长期股权投资由成本法改为权益法核算。2015 年 1 月 23 日 Z 公司与 Z 投资公司再次签署股权转让协议，将其持有的 S 公司 49% 股权转让给 Z 投资公司。2015 年 6 月 30 日 Z 公司对其转让的 S 公司 49% 股权进行了账务处理，同时确认了 2015 年 1 月至 6 月该股权对应产生的投资收益。

S 公司与多达 10 家客户签订保利、计息预售氯化钾合同，因账面虚增收入、少计财务费用，造成 2015 年 1 月至 6 月虚增净利润 6.8 亿元，导致 2015 年 Z 公司账面投资收益多计 3.3 亿元，占当年 Z 公司投资收益的 6.24%，利润总额的 8.56%。

上述违法事实，有 S 公司提供的 2009 年预售策略会议纪要、预售合同、客户方提供的结算函、S 公司销售部公路运输客户资料流水账、Z 公司及 S 公司出具的情况说明、S 公司提供的明细账、相关人员询问笔录等证据证明。

处罚依据

Z 公司上述行为违反了 2005 年《证券法》第六十三条 "发行人、上市公司依法披露的信息，必须真实、准确、完整，不得有虚假记载、误导性陈述或重大遗漏"的规定，构成 2005 年《证券法》第一百九十三条第一款 "发行人、上市公司或者其他信息披露义务人未按照规定披露信息，或者披露的信息有虚假记载、误导性陈述或者重大遗漏"所述情形。上述违法行为的其他直接责任人员为吴某、晏某、李某等人。

吴某，2008 年 3 月至 2012 年 6 月任 Z 公司财务总监，协助总经理管理 Z 公司经营计划、财务工作，参与预售会议，其在明知 S 公司实际产能的情况下，未对 S 公司财务报表提出质疑；作为财务总监，未能尽到勤勉尽责义务。

晏某，1999 年 10 月至 2012 年 9 月任 Z 公司财务部副经理，2012 年 9 月至 2015 年 4 月任 Z 公司计财部经理，未能尽到勤勉尽责义务。

李某，2012 年 6 月至 2015 年 6 月任 Z 公司董事，2012 年 6 月至 2015 年 4 月任 Z 公司财务总监，协助总经理管理公司经营计划财务工作，未能尽到勤勉尽责义务。

财务人员应该从轻处罚吗

吴某在申辩材料中提出，一是其在职责范围内已经做到了勤勉尽责，对 S 公司预售模式风险进行充分提示，对 S 公司不实财务记载的事实毫不知悉且不存在任何过错；二是 S 公司不实财务记载事项已经超过《中华人民共和国行政处罚法》（以下简称《行政处罚法》）规定的追责时效。请求免除、从轻或减轻处罚。

晏某在申辩材料中提出，一是其任职期间，并未发现 S 公司财务数据存在问题，对 S 公司不实财务记载的事项毫不知悉，不存在任何过错；二是 S 公司不实财务记载事项已经超过《行政处罚法》规定的追责时效。请求免除、从轻或减轻处罚。

李某在听证过程中提出，一是其担任 Z 公司财务总监后，从没有看到过 S 公司预售的请示等文件，对 S 公司预售模式以及不实财务记载的事实毫不知悉且不存在任何过错；二是 S 公司不实财务记载事项已经超过《行政处罚法》规定的追责时效；三是对其的行政处罚将对其现任职公司的有关工作和正常生产经营造成不利影响。请求免除处罚。

证监会回应

对于 Z 公司的申辩意见。一是关于主观过错问题，S 公司财务造假行为持续时间久，性质恶劣，Z 公司作为母公司未能做到有效管理，致使其披露的财务数据存在虚假记载,认定其存在主观过错并无不当。二是关于是否存在法定从轻或者减轻情节问题,在违法行为被发现之前,Z公司并未主动承认其虚假记载的情况,也未纠正虚假记载的数据;其停止继续实施违法行为,并不等同于消除或者减轻此前已实施的违法行为的危害后果,故不认定本案存在"主动消除或者减轻违法行为危害后果"的法定从轻或者减轻情节。

对于吴某的申辩意见。一是关于责任认定问题,其时任财务总监,该职务及职责要求其负有保证信息披露真实、准确、完整的义务,但其称对S公司财务不实记载毫不知悉,且没有证据证明其已勤勉尽责,故其应当承担责任;二是关于本案是否超过追责时效问题,同前述对Z公司申辩意见的分析认定。综上,对其申辩意见不予采纳。

对于晏某的申辩意见。一是关于责任认定问题,其时任财务部副经理、计财部经理,该职务及职责要求其负有保证信息披露真实、准确、完整的义务,但其称对S公司财务不实记载毫不知悉,且没有证据证明其已勤勉尽责,故其应当承担责任;二是关于本案是否超过追责时效问题,同前述对Z公司申辩意见的分析认定。综上,对其申辩意见不予采纳。

对于李某的申辩意见。一是关于责任认定问题,其时任董事、财务总监,该职务及职责要求其负有保证信息披露真实、准确、完整的义务,但其称对S公司财务不实记载毫不知悉,且没有证据证明其已勤勉尽责,故其应当承担责任;二是关于本案是否超过追责时效问题,同前述对Z公司申辩意见的分析认定;三是2009年修正的**《行政处罚法》**第四条第二款规定:"设定和实施行政处罚必须以事实为依据,与违法行为的事实、实质、情节以及社会危害程度相当。"行政处罚会充分考虑各方面因素,但以行政处罚将对现任职公司造成不利影响为由请求免除处罚,于法无据。综上,对其申辩意见不予采纳。

监管关系中的会计职业道德分析

会计职业道德，怎么强调都不过分

在我国企业监管层的文件中，除了专门针对从业人员制定的职业道德守则之外，只要涉及企业以及利益相关者经济利益的，都会不厌其烦地强调会计以及其他相关人员的职业道德问题。

比如，《中华人民共和国公司法》（2018 年修正）第五条：公司从事经营活动，必须遵守法律、行政法规，遵守社会公德、商业道德，诚实守信，接受政府和社会公众的监督，承担社会责任。第一百七十条：公司应当向聘用的会计师事务所提供真实、完整的会计凭证、会计账簿、财务会计报告及其他会计资料，不得拒绝、隐匿、谎报。

比如，《上市公司收购管理办法》（证监会令第 35 号）规定了以下内容。被收购公司的董事、监事、高级管理人员对公司负有忠实义务和勤勉义务，应当公平对待收购本公司的所有收购人。被收购公司董事会针对收购所做出的决策及采取的措施，应当有利于维护公司及其股东的利益，不得滥用职权对收购设置不适当的障碍，不得利用公司资源向收购人提供任何形式的财务资助，不得损害公司及其股东的合法权益。收购人进行上市公司的收购，应当聘请在中国注册的具有从事财务顾问业务资格的专业机构担任财务顾问。收购人未按照本办法规定聘请财务顾问的，不得收购上市公司。财务顾问应当勤勉尽责，遵守行业规范和职业道德，保持独立性，保证其所制作、出具文件的真实性、准确性和完整性。财务顾问认为收购人利用上市公司的收购损害被收购公司及其股东合法权益的，应当拒绝为收购人提供财务顾问服务。

比如，《上市公司信息披露管理办法》（证监会令第 182 号）第三条规定："信息披露义务人应当及时依法履行信息披露义务，披露的信息应当真实、准确、完整，简明清晰、通俗易懂，不得有虚假记载、误导性陈述或者重大遗漏。"

第四十六条规定："会计师事务所应当建立并保持有效的质量控制体系、独立性管理和投资者保护机制，秉承风险导向审计理念，遵守法律、行政法规、中国证监会的规定，严格执行注册会计师执业准则、职业道德守则及相关规定，完善鉴证程序，科学选用鉴证方法和技术，充分了解被鉴证单位及其环境，审慎关注重大错报风险，获取充分、适当的证据，合理发表鉴证结论。"

第四十七条规定："资产评估机构应当建立并保持有效的质量控制体系、独立性管理和投资者保护机制，恪守职业道德，遵守法律、行政法规、中国证监会的规定，严格执行评估准则或者其他评估规范，恰当选择评估方法，评估中提出的假设条件应当符合实际情况，对评估对象所涉及交易、收入、支出、投资等业务的合法性、未来预测的可靠性取得充分证据，充分考虑未来各种可能性发生的概率及其影响，形成合理的评估结论。"

第四十八条规定："任何单位和个人不得非法获取、提供、传播上市公司的内幕信息，不得利用所获取的内幕信息买卖或者建议他人买卖公司证券及其衍生品种，不得在投资价值分析报告、研究报告等文件中使用内幕信息。"

第四十九条规定："媒体应当客观、真实地报道涉及上市公司的情况，发挥舆论监督作用。任何单位和个人不得提供、传播虚假或者误导投资者的上市公司信息。"

第五十一条规定："上市公司董事、监事、高级管理人员应当对公司信息披露的真实性、准确性、完整性、及时性、公平性负责，但有充分证据表明其已经履行勤勉尽责义务的除外。上市公司董事长、经理、董事会秘书，应当对公司临时报告信息披露的真实性、准确性、完整性、及时性、公平性承担主要责任。上市公司董事长、经理、财务负责人应当对公司财务会计报告的真实性、准确性、完整性、及时性、公平性承担主要责任。"

第五十八条规定："上市公司董事、监事在董事会或者监事会审议、审核定期报告时投赞成票，又在定期报告披露时表示无法保证定期报告内容的真实性、准确性、完整性或者有异议的，中国证监会可以对相关人员给予警告并处国务院规定限额以下罚款；情节严重的，可以对有关责任人员采取证券市场禁入的措施。"

又如，**《公司债券发行与交易管理办法》**（证监会令第 180 号）中有相关规定。

第四十五条规定："发行人和承销机构不得操纵发行定价、暗箱操作；不得以代持、信托等方式谋取不正当利益或向其他相关利益主体输送利益；不得直接或通过其利益相关方向参与认购的投资者提供财务资助；不得有其他违反公平竞争、破坏市场秩序等行为。发行人不得在发行环节直接或间接认购其发行的公司债券。发行人的董事、监事、高级管理人员、持股比例超过百分之五的股东及其他关联方认购或交易、转让其发行的公司债券的，应当披露相关情况。"

第四十九条规定："债券募集说明书及其他信息披露文件所引用的审计报告、法律意见书、评级报告及资产评估报告等，应当由符合《证券法》规定的证券服务机构出具。证券服务机构应当严格遵守法律法规、中国证监会制定的监管规则、执业准则、职业道德守则、证券交易场所制定的业务规则及其他相关规定，建立并保持有效的质量控制体系、独立性管理和投资者保护机制，审慎履行职责，作出专业判断与认定，并对募集说明书或者其他信息披露文件中与其专业职责有关的内容及其出具的文件的真实性、准确性、完整性负责。"

再如，**《首次公开发行股票并上市管理办法》**（2020 年 7 月修正）第四条：发行人依法披露的信息，必须真实、准确、完整，不得有虚假记载、误导性陈述或者重大遗漏。

勤勉、独立、客观、公正的财务人

上述法条中出现的高频词汇包括勤勉尽责、独立、客观、真实、准确、完整等，这些同样也是财务人员职业道德的核心要求。

案例中提到的责任人分别是两任财务总监和计财部经理。其中财务总监属于企业高管，不可能对企业造假不知情，尽管有些企业造假是从业务端就开始伪造各种凭证，但是高管是要出席企业重大决策会议的。计财部经理即便对业务端造假不知情，但是会计信息是反映企业财务状况和经营结果的晴雨表，连续几年虚增的收入和利润占比如此之大，稍稍有些财务背景的人士也应该表现出应有的职业怀疑。因此上述财务人员在申辩材料中提到的不知情是不能够自圆其说的。参与舞弊本就是违反职业道德以及违法的事实，事后推卸责任的做法更加印证了该企业财务人员职业道德的集体缺失，这种事后还不知忏悔认错的态度也令人咂舌，上市公司的财务人员尚且如此，更何况制度文化不尽完善的中小企业呢。

目前证监会和其他相关监管机构对上市公司或非上市公司诸多惩罚案例中，被惩罚的涉案人员中，财务人员无论级别高低，多半会牵扯其中，这足以说明当前财务人员队伍的职业道德意识和法律意识都相当淡薄，Z公司的财务人员更是妄图以毫不知情为借口逃脱法律惩罚。

更进一步分析，会计职业道德宣传与培训以及违法失信处罚力度不够可能是财务人员对违法乱纪行为麻痹大意的主要原因，次要原因还包括对违法乱纪后果存在侥幸心理。

因此，可以考虑在财务人员的后续教育课程中把职业道德培训设为必修课，各组织单位也应该对财务人员的职业道德教育常抓不懈。另外，要增加会计职业道德的失信成本，除了法律制裁之外，财务人员如果有失信记录，其失信记录需要记入履历，利用现代信息技术，参考天眼查、企查查等网站的做法，公示财务人员的道德风险清单，以起到警示作用。

6

>>

会计职业道德与公司治理

企业文化案例："德君公司"
如何做到德行合一

德君公司成立于 1998 年，是一家数据电信网络公司，成立至今，德君公司紧跟环境的变化，见证了整个大智移云物区技术的成长过程，其业务遍布世界的各个角落。作为一家业务遍及多个国家和地区的全球化公司，要想把账算清楚可真不容易。然而出人意料的是，德君公司不仅将财务工作做得精准高效，其财务部门还成为行业的标杆。深究其管理模式和方法，发现这离不开其伦理型的企业文化。伦理型企业文化，即符合商业伦理和会计职业道德要求的企业文化。

提到在德君公司工作的感受，财务部的小王说："首先，我们公司的办公环境非常好，各种设施应有尽有，整体上让人觉得很舒服。其次，大家的工作氛围也很融洽，同事关系比较简单，工作也都非常努力。最后，相较于之前大量烦琐的电算化记账及核算等业务，目前我们公司有着非常先进和高效的财务体系和内部控制制度，通过交易核算自动化、数据质量监控等，我们实现了全球核算实时可视，过程可跟踪、可管理。这不仅使我们的工作变得更加准确高效，也减轻了我们的工作压力，我们更愿意为公司做些有价值以及有挑战的工作。"

诚如小王所述，首先，德君公司在物质上给员工给提供了舒适的工作环境，提高了员工们工作的舒适度。其次，融洽的同事关系让员工的行为变得简单淳朴。最后，严格和高效的内部控制制度及财务体系使员工恪尽职守，事半功倍。

无论是物质、制度，还是行为、精神方面，都可以看出德君公司的企业文化是伦理型的。企业文化通常包含着物质、行为、制度、精神四个方面，通过影响企业的治理水平、战略选择、内部控制制度及员工日常行为等，渗透到企业的各个方面。关于德君公司各项具体的战略，可参见德君公司战略地图，如图 6-1 所示。

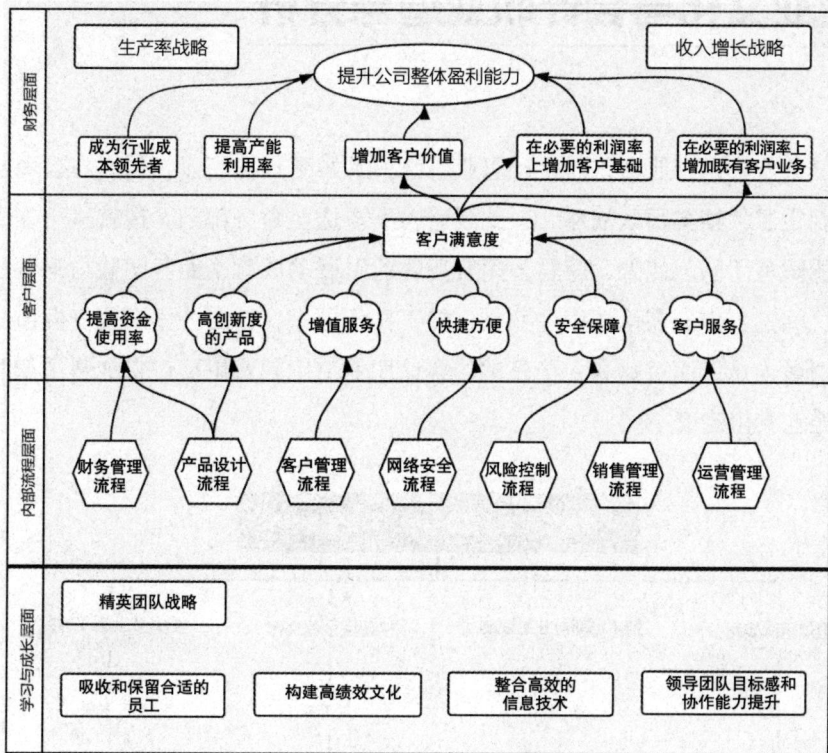

图 6-1 德君公司战略地图

财务工作给企业提供了有助于使决策有用的信息，财务人员的行为直接影响着企业的发展和效益。企业文化影响着财务人员的行为，好的企业文化有着导向、凝聚、规范和激励等功能，其通过非物质手段使企业内部效益最大化。在具有伦理型企业文化的企业中工作，财务人员会以一种积极的状态调整自己的工作目标和绩效以适应公司整体的发展环境。因此，加强建设伦理型企业文化可以培养财务人员正确的价值观，激发他们的责任感和荣誉感，使其更好地遵守会计职业道德。

企业文化与会计职业道德分析

德君公司企业文化与会计职业道德关系如图 6-2 所示，德君在公司层面制定了**"精英团队战略"**，此战略向下渗透至财务部门，造就了一支优秀的财务团队。此外，德君公司实行的业财联动成就了业务团队与财务团队之间的合作。在伦理型企业文化的工作氛围中，德君公司育成一批道德型财务人员，而对财务人员日常的会计职业道德教育也反过来加强了德君的企业文化建设。

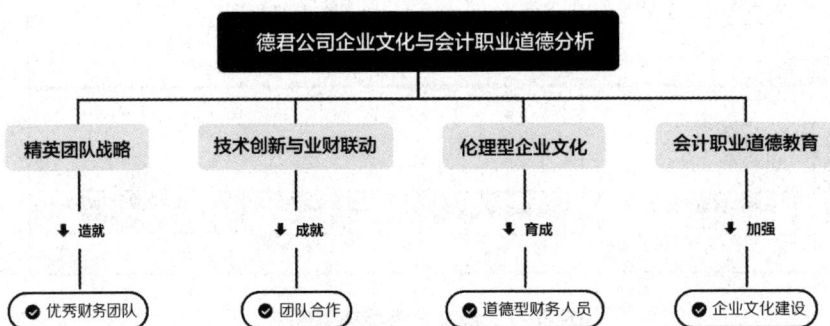

图 6-2　德君公司企业文化与会计职业道德关系

"精英团队战略"造就优秀财务团队

1. 优秀财务团队的作用

德君公司在人力资源管理上实行"精英团队战略"，这一战略对于财务部门的愿景是"打造一支优秀的财务团队"，使其成为企业的核心竞争力。一支优秀的财务团队，不仅能精准高效地完成财务工作，还能使公司的战略方针得以更好地实施。

伦理型的企业文化潜移默化地影响和约束着财务人员的行为，在工作会议和平时的沟通交流中，德君公司的领导多次提到："在工作中，我们要做到尊重上级，尊重规则；先做重要的事，再做紧急的事；关于同事间的关系，我们要多帮助别人，少麻烦别人；提高自己比广泛社交更高效。"财务人员在这样的企业环境中，会逐渐形成自身的行事规范，使得财务部门及整个公司都有着很强的凝聚力，这是决定一个团队或企业成败的关键。

2. 如何打造一支优秀的财务团队

（1）培养。

针对员工对公司企业文化的认知和践行，德君公司有着完善的人才培养规划。对于新入职的财务人员，需要解决的主要问题在于文化融入、了解财务工作以及上岗必备的一些技能，因此德君公司会对新员工进行财务入岗培训、部门上岗培训以及试用期学习实践。对于已上岗的财务人员，德君公司也会开展定期技术培训及考核，以确保员工跟上日新月异的技术发展，如对新引入软件的学习和应用，并使这些技术更好地服务于财务工作。

（2）创新。

随着大智移云物区技术的发展，新商业经济模式的出现也使财务发生改变。共享经济、跟踪经济、合作经济，这些无不牵动着财务与之协同创新。在会计核算领域，德君公司积极尝试自动化、智能化，将标准业务场景的会计核算工作交给机器完成。目前，通过交易核算自动化、ERP优化、数据调度优化等，德君公司实现了全球核算实时可视，过程可跟踪、可管理。

首先，在战略层面，德君公司建立了全球共享的财务平台，在平台建设和完善的过程中，财务部门对非结构数据的运算和分析能力逐渐加强，提高了财务部门的运作效率，这一平台也支持了业务的快速增长。

其次，在技术层面，德君公司正在不断尝试将 RPA（Robotic Process Automation，机器人流程自动化）与 AI（Artificial Intelligence，人工智能）技术相结合，实现 RPA+AI=IPA（Intelligent Process Automation，智能流程自动化），这些技术可以使公司的各个流程向智能化、自动化发展，将财务人员从重复繁重的工作中解放出来，帮助财务人员向管理型、技术型等方向转型升级，进而达到提升公司整体水平的效果。最后，在业务层面，德君公司将财务与业务相结合，从财务人员中选择代表加入业务部门，这样财务代表不仅可以了解相关的财务战略在业务部门的执行落实情况，还可以及时反馈对决策有用的信息。

（3）激励。

合理的激励机制能够极大程度地调动员工的积极性和创造性。激励通常分为物质激励和精神激励两个层面。通过激励，德君公司的财务部门能够高效地完成任务和目标。

"重赏之下，必有勇夫。"在物质激励层面，德君公司为员工设计了一套职业生涯规划体系，给员工提供了更宽阔的晋升发展平台，由此员工会积极地完成本职工作。"仓廪实而知礼节"，这不仅使员工的生活质量得以保障，还可以增强财务团队的凝聚力和向心力。此外，公司员工持股计划使员工成为企业的合伙人，让员工把公司的发展愿景当成个人发展的目标，使得集体利益与员工个人利益和谐共生、相互依赖。在精神激励层面，德君公司通过向员工发荣誉奖、邀请职业导师对财务人员进行一对一辅导等方式，不断使财务人员融入企业文化、激发财务人员的工作热情。

综上所述，德君公司通过培养、创新、激励等手段，将其企业文化渗透到公司活动的方方面面，打造了一支优秀的财务团队。

技术创新与业财联动成就团队合作

1. 业财联动的作用

德君公司企业文化中有一条为**"团结互助"**，即团结同事、精诚协作。

这一企业文化促进了德君公司财务部门与业务部门的融合，成就了业财联动。业财联动，也就是业财融合，即财务人员要深入理解企业项目支撑业务，业务人员则要在专业、精细的财务视角下把控全局，降低财务风险和经营风险，促进增值业务的快速发展。业财融合可以协调两个部门的关系，充分挖掘各部门管理的潜力，形成管理合力。财务部门是企业内部的信息枢纽，业财联动就是财务人员的工作要为经营管理服务、为业务服务、为一线作战服务，业务部门要支持财务部门的工作，提高会计信息的完整性和及时性。

2. 如何做到业财联动

（1）融入业务，与时俱进。

随着大智移云物区技术的发展，财务人员也在由核算型向管理型转型，这也是很多财务人员学习和考取管理会计师证书（PCMA）或注册管理会计师证书（CMA）的原因。由于企业会计准则和其他财经法规及各种技术始终处于变化之中，工作的环境也是瞬息万变，财务人员需要在工作中不断学习、调整及适应。将财务融入业务促使会计人员不断提升自己以保证会计信息的质量。

德君公司的财务部门通过及时更新和学习新技术等手段不断创造着奇迹，一次次刷新其财务标杆纪录。公司要求员工遵守制度但要善于突破，脚踏实地但要努力向上，以创造更大的价值。向管理会计的转型只靠学习会计专业知识显然是不够的，财务人员还应学习管理、产品、业务及市场知识。财务人员对这些知识的学习不仅可以开阔其视野，而且也有利于财务与业务更好地融合在一起。

（2）参与业务。

参与公司的经营分析。如果财务部门只是拿历史的财务数据进行分析，那么这份分析报告的实用性是有限的。因此，德君公司财务部门在做财务分析时，会结合业务部门经营的实际情况，通过财务数据发掘其背后的业务原因，这样才能更精准地找出问题所在，进而提出有用的对策。

联合业务部门共同完成预算。财务预算是反映未来一定期间企业现金收支、经营成果和财务状况的预算，准确的财务预算可以优化公司的资源配置，帮助公司做出正确的决策。德君公司的财务部门在进行财务预算的过程中，始终和业务人员进行沟通交流，不断修正改进，这样有助于得出相对务实的预算结果。因此，财务人员应积极学习业务知识，根据业务分析提高预算结果的准确性。

财务人员与业务人员一起参与项目管理。对于德君公司这种国际化的公司来说，其业务规模很大，财务人员的分工也相对较细，通常只能专注于某一领域，很难知晓财务工作的全貌。为了保证财务人员把工作做得更好，明白背后的逻辑原理，德君公司合理安排每一位财务人员与业务人员一同参与公司的项目管理。在整个项目过程中，财务人员可以了解一个完整的业务周期，这有助于财务人员明白背后的逻辑原理，更好地完成财务的编制及预算工作。

伦理型企业文化育成道德型财务人员

在"创新高效、团结互助、诚实守信"伦理型企业文化的影响下，德君公司取得了卓越的财务绩效。在德君公司财务部门成为行业标杆的同时，其公司本身的发展也蒸蒸日上，这就表明高质量的伦理型企业文化不仅会给企业内部员工提供好的工作氛围，而且正向影响着企业本身的发展。一个公司的企业文化很大程度上影响着财务人员的行为。

1. 胜任能力

大智移云物区下财务组织的战略、专业、共享、业务、财务等方面都在发生着质的变化，在这一过程中，财务组织也在发生着积极的自我变革，从而在面对快速变化的业务环境时有了更佳的应对能力。德君公司的CFO高经理在访谈中说道："在大智移云物区背景下，财务管理者需要深度理解公司战略需要做出的改变，并能够主动在经营分析、资源配置等领域更好地支持业务，财务信息化，更重要的是保持技术敏感性，敢于创新、创造更多的可能。"财务部的小张是一名刚刚毕业，初入职场的新人，在学校里他所接触的大多是各种会计理论，应用各种新技术的能力非常薄弱，但他并没有因此退缩，而是在德君公司健全的培训体系下，学习如何将日新月异的新技术应用于工作中，正如高经理所说，保持技术敏感性，积极学习，主动创新。

2. 保密

对于"保密"这一准则，德君公司有着详细健全的保密制度。为了确保各项制度能够得到有效执行，财务部也有着严格的内部控制流程。例如，为了确保信息的安全，德君公司每个人在登录其工作系统时都需要人脸识别，这一控制减少或消除了人为操纵因素，降低了信息被泄露的风险。在平时的工作中，如果财务人员临时离开办公桌，其计算机也会自动上锁，这也大大降低了信息外泄和被篡改的风险。

3. 正直

德君公司对"正直"这一原则是这样规定的：每一位财务人员避免"两冲突"和做到"两不干"。

避免"两冲突"是避免现实冲突和潜在冲突。避免现实冲突要求财务人员要同各方人员定期沟通，缓解现实中的利益冲突。而避免潜在冲突要求财务人员告知利益相关者可能存在的潜在冲突。德君公司同各方利益相关者都建立了畅通的沟通渠道，这为高效解决各方冲突提供了便利性。

做到"两不干"要求财务人员一不干任何可能会妨碍遵守会计职业道德的事情，二不干或支持任何有损职业声誉的活动。为了保证这一标准的有效实施，德君公司也有着严格的监督和惩罚制度，如对于违反会计职业道德的财务人员予以不同程度财务惩罚及批评教育，严重者予以停职处理。

4. 诚信

"诚信"原则要求每一位财务人员要做到公允客观、披露全面，当然这也就要求其公允地披露缺陷。"人无信不立"，诚信是企业和员工立足发展的根本，因此，德君公司要求财务部要具备专业胜任能力、做好提前规划、评估潜在风险、收集足够多的信息以充分了解相关事实，并及时传递不利信息，以确保问题能够及时解决。

企业文化融入会计职业道德教育

1. 会计职业道德教育的作用

对财务人员的会计职业道德教育是德君公司企业文化的重要组成部分，财务人员遵守会计职业道德也可以更好地落实企业文化。

会计职业道德中有一条是**"诚实守信"**，这也是企业的立业之本，是德君公司企业文化的一个要素。这种企业文化会使企业形成良好的工作氛围，对于财务人员的诚信价值观和道德观具有导向作用。在这种工作氛围的影响下，德君公司财务部门的工作也变得更加可信。在公司层面，诚实守信要求德君公司创建企业品牌、树立企业信誉，诚信经营，让公众信服。细化到财务部门，这条准则要求财务人员要有正直客观的立场、公正平等的意识，讲究信用，不做假账。

2. 加强会计职业道德教育的方法

德君公司财务部门对财务人员的培养，不是只停留在说教层面，还运用了**道德锻炼、典范激励、集体影响**等方法，促使财务人员形成并履行会计职业道德。

（1）道德锻炼。

传授会计职业道德知识固然重要，但想要财务人员更加深刻地理解和自觉履行这些准则，离不开实践的锻炼。德君公司的企业文化中有一条说道："企业和团队应追求三条原则，不唯上，不唯书，只唯实。"这九个字即不要求员工必须严格执行老板或者上层的意见，如果有不同的意见都可以发表，应以实践来检验真理，看重事实，看重结果。只有亲身经历与实践，经过独立的思考与锻炼，财务人员才能更全面、更深刻地理解会计职业道德，才能更好地履行会计职业道德。因此，在会计职业道德教育的过程中，应采用理论与实践相结合的形式，使其达到事半功倍的效果，发挥教育的最大作用。

（2）典范激励。

为充分启发和激励财务人员履行会计职业道德，德君公司及其财务部门创造了一个褒善贬恶的工作环境。德君公司明确表态对具有高尚的职业道德，勤奋、实干、有成就的人才，将永远提供上升的通道。公司会把这些典范的事迹做成专栏供其他员工学习，树立正气；与此同时，公司也会揭示不良现象，让员工有则改之无则加勉。在物质上，德君公司对典范还设有荣誉奖项及奖金福利。典范的存在可以发挥标杆作用，潜移默化地影响其他财务人员的行为，促进他们学习榜样并自我约束，形成一个良性循环。

（3）集体影响。

集体是由个体组成的，在对企业文化的传播和会计职业道德的教育方面，德君公司运用集体影响，产生了一加一大于二的协同效用。在会计职业道德的学习和履行中，集体影响是指财务人员之间互相学习、互相影响、互相监督、互相进步等行为，在这个过程中，财务人员可以发挥自己的长处并发现自己的不足。德君公司的财务团队非常庞大，想要充分发挥集体影响的作用也非易事，在解决此问题上，财务部门内部经常举办多样化的团建活动，在同样价值观的引导下，财务人员可以更高效地进行沟通交流，互相成就。

公司治理案例："锐好集团"如何不好

公司治理一直以来都是理论与实务中的热点问题，截至目前，公司治理的框架设计以及制度规则也逐渐趋于成熟，但是实际运行中各家公司的情况万象丛生，相去甚远。公司治理效果的好坏，大则影响到广大的社会公众，小则影响到公司的可持续发展甚至个人的前途。公司作为营利性组织，出现公司治理失败多半是利益作祟，会计核算监督职能的有效发挥在某种程度上可以提升公司治理水平。正如南京大学陈冬华教授在"会计与治理：谁是硬币的反面"的主题演讲中以会计的本质作为起点，指出治理是因会计技术局限而替代出现的方法，治理本身最终还是要回答"值还是不值"的问题，而会计正是试图回答"值还是不值"，因此，治理本身其实就是会计的过程，是不完美会计的衍生物。会计的不完美不仅仅体现在理论与准则方面的不完美，更多的可能是人性的不完美所致，这就是会计职业道德问题……

"锐好集团"的背景

"涉案金额巨大、手段极其恶劣、违法情节特别严重"，能让证监会如此定性的公司是谁呢？是锐好集团。

锐好集团有限公司成立于2010年,经营范围包括计算机软件、网络技术、物联网技术的技术开发、技术咨询、技术服务,企业管理咨询,投资咨询（除证券、期货），经济信息咨询；批发、零售办公用品、办公设备、装饰材料、家用电器、服装、日用百货、家具；其他无须报经审批的一切合法项目。锐好集团有限公司对外投资 27 家公司。公司以低碳、绿色后勤为理念，首创"办公托管"模式，以及与之相配套的供应商联盟体。凭借新型的商业模式，为客户提供完善、经济的办公解决方案，灵活满足不同客户的差异化需求以及快速创新的需求，为客户从根本上解决办公后勤烦恼，使其专注于自身主营业务的发展。锐好集团主要面向大中型企事业单位、政府机构，针对后勤管理中的 22 项业务，提供系统的解决方案，协助客户降低后勤管理成本，提高办公效率，建立节约、环保、健康、安全的办公环境。目前公司的客户已遍及政府、军队、学校、医院等。公司始终坚持以节约、环保为核心价值的商业模式，实现与供应商、客户、环境等利益相关者的多方共赢。

"锐好集团"公司治理的问题

"锐好集团"的公司治理是一个公司治理形同摆设、严重失效的经典案例，从董事长到总裁、董事、财务副总监以及出纳联合违规犯法的案件。

1. 涉案关键人物

被告人郭某某作为锐好集团的实际控制人、法定代表人及董事长，是锐好集团财务造假的**决策、组织者**，并在锐好集团披露的含有虚假信息的财务报表法定代表人栏签字，系对锐好集团违法行为直接负责的主管人员。

被告人宋某某作为锐好集团的董事、总裁，为帮助锐好集团虚增业绩，组织、参与业务造假行为，为锐好集团财务造假提供了基础资料。

被告人杜某某作为郭某某妻子、锐好集团的股东，负责安排、调拨锐好集团及关联方资金用于虚增业务，并利用其个人银行卡为锐好集团过账、伪造业务回款提供便利。

被告人王某作为原锐好集团财务副总监，为锐好集团及下属子公司虚增业务提供财务支持，并在账面上造假配合上市，上述三名被告人均系其他直接责任人员。

2. 公司治理失效情节描述

据判决书节选，杭州市拱墅区人民检察院指控内容如下。

2013 年至 2015 年期间，锐好网络科技集团有限公司（以下简称锐好集团）为了吸引风投资金投资入股、完成政府招商引资税收目标以及实现上市等目的，通过与其他公司签订虚假业务合同、虚开增值税专用发票和普通发票、利用资金循环虚构银行交易流水、改变业务性质等多种方式虚增服务费收入共计 26 489 766.8 元，虚增 2015 年贸易收入 57 478.63 元。

2015 年 1 月，锐好集团在账面上虚增货币资金 3 000 万元。为掩饰上述虚假账面资金，锐好集团从 2015 年 3 月开始通过外部借款购买理财产品或定期存单，于借款当日或次日通过将理财产品或定期存单为借款方关联公司质押担保，并通过承兑汇票贴现的方式将资金归还借款方，从而在账面形成并持续维持 3 000 万元银行存款的假象。另查明，2015 年 10 月 15 日，锐好集团在兴业银行杭州分行购买 300 万元半年期定期存单，并以该存单为杭州某贸易有限公司开具的共计 300 万元银行承兑汇票提供质押担保。截至 2015 年 12 月 31 日，上述 3 300 万元银行存单仍处于质押状态。根据证人 1 唐某的供述证明，2015 年年初，为了锐好集团借壳上市财务数据需要，郭某某让其去找 3 000 万元资金和这些应收款冲抵，并作为公司存款做账。其分别找了两家可以不上征信的银行，经郭某某同意，采用 3 000 万元借款作存款并质押开承兑汇票的方式，虚构 3 000 万元的存款。其将整个过程产生的票据交给王某记账，质押合同未交财务部门。证人徐某的证言（锐好集团董秘）证明，锐好集团虚增业绩是为了实现借壳上市，虚增 3 000 万元存款是为了证明公司财务状况好，能够通过证监会审查。

截至 2015 年 12 月 31 日，锐好集团的实际净资产为 9 852 949.87 元。锐好集团虚增资产达到当期披露的资产总额的 30% 以上，未按照规定披露的担保等重大事项所涉及的累计数额占锐好集团实际净资产的 50% 以上。另查明，锐好集团提供虚假的财务数据和信息的行为，已造成投资人直接经济损失数额累计 212 270.63 元。

3. 惩罚结果

证人陈某（2015 年 12 月任锐好集团财务总监）、杜某（锐好集团出纳）、裴某（锐好集团财务经理）、王某 1（锐好集团财务部职员）、翟某（锐好集团财务部会计）、姜某（锐好集团财务部会计、财务经理）、占某（锐好集团财务部会计）的证言证明，锐好集团是一个集团公司，郭某某是董事长，负责全面工作，宋某某是总裁，负责业务工作，王某是财务副总监，除了日常财务管理外，还负责公司大额资金调拨，按照郭某某、杜某某（郭某某妻子）的意思向出纳传达调拨要求。用于走账的个人账户都是杜某某和杜某控制的。2013 年至 2015 年的年中和年底，锐好集团因业绩完成量与预期有较大差距，郭某某召集宋某某、张某等高层和业务员开会，给每个人下指标，让其找客户，配合公司通过虚增业绩、资金走账等方式，达到虚增公司业务目标值的目的。

依照《中华人民共和国刑法》第一百六十一条：【违规披露、不披露重要信息罪】依法负有信息披露义务的公司、企业向股东和社会公众提供虚假的或者隐瞒重要事实的财务会计报告，或者对依法应当披露的其他重要信息不按照规定披露，严重损害股东或者其他人利益，或者有其他严重情节的，对其直接负责的主管人员和其他直接责任人员，处五年以下有期徒刑或者拘役，并处或者单处罚金；情节特别严重的，处五年以上十年以下有期徒刑，并处罚金。判决如下。

被告人郭某某犯**违规披露、不披露重要信息罪**，判处有期徒刑二年三个月，并处罚金 100 000 元。（刑期从判决执行之日起计算，判决执行以前先行羁押的，羁押一日折抵刑期一日，即自 2019 年 6 月 4 日起至 2021 年 9 月 3 日止。罚金限判决生效后十日内缴纳。）

被告人宋某某犯**违规披露、不披露重要信息罪**，判处有期徒刑二年，缓刑三年，并处罚金 50 000 元。（缓刑考验期从判决确定之日起计算。罚金限判决生效后一个月内缴纳。）

被告人杜某某犯**违规披露、不披露重要信息罪**，判处有期徒刑二年，缓刑三年，并处罚金 50 000 元。（缓刑考验期从判决确定之日起计算。罚金限判决生效后一个月内缴纳。）

被告人王某**犯违规披露、不披露重要信息罪**，判处有期徒刑一年，缓刑二年，并处罚金 20 000 元。（缓刑考验期从判决确定之日起计算。罚金限判决生效后一个月内缴纳。）

为达到借壳上市的目的，公司高层几乎集体走上了"忽悠式"重组之路。从案情发展以及资料来看，前财务总监是主要证人，财务副总监为被告人，参与其中的有财务经理、财务部会计、出纳等各层级的财务人员。

公司治理与会计职业道德分析

公司治理基本理论

关于公司治理，李维安（2015）在《公司治理手册》中提到公司治理是国家治理体系的重要组成部分，是治理能力现代化的基础。公司治理问题伴随着公司制组织形式的出现而产生，但是真正作为一个科学问题提出来并被研究则是近几十年的事情，学术界多认为是 1932 年伯利和米恩斯的著作《现代公司与私有财产》正式拉开公司治理序幕。李维安教授在本书中对一般公司治理、股东治理、董事会治理、监事会治理、经理层治理、外部治理、新型组织治理、金融机构治理、中国公司治理、公司治理绩效、公司治理事件以及公司治理法律、政策和法规方面以及公司治理地图均做了全面的阐述。

宁向东（2021）在宁向东讲公司治理：共生的智慧中讲到，好的公司治理，应该体现为一种有效的利益结构。好的公司治理，追求股东之间、股东与经理人之间，甚至在组织的每一个角落，都能够建立起有效的利益平衡。平衡，不意味着静态的平等，而是动态的演化和持久的合作。这种智慧的力量，可以让组织不断地自我进化。公司治理表现为一套行为准则，但这套准则背后有更深层次的因果关系。公司治理是一个综合性很强的研究领域，涉及法学、经济学和管理学等多种学科。可以说，到目前为止，还没有一个比较成型、能够广为接受的理论体系。

仲继银（2018）在《董事会与公司治理（第三版）》一书中认为，公司治理是一个庞杂和众说纷纭的领域，仁者见仁，智者见智。往往监管者和机构投资者更多的是仁者之见，乐于追求理想和规范的解；而企业界和经理人更多的是智者之见，思考的是如何在每日的公司治理实践中妥善地处理各种矛盾与冲突，求得一种妥协和平衡的满意解。公司治理问题，就是要处理好下述三种关系。股东作为一个整体和公司管理机构——董事会之间的关系；控制性股东和中小股东之间的关系；公司控制者（不论董事还是股东）和公司其他利益相关者（银行、员工、供应商和顾客等）之间的关系。

对于股权集中度很高的非上市公司或者是仍有控制性股东存在的上市公司来说，让董事会对股东负责是容易做到的一件事情，但是股权集中和控制性股东的存在会产生一个严重问题，就是控制性股东完全控制董事会，可能会不顾其他非控制性的股东，尤其是一些中小股东的利益，而完全按自己的利益化来运营公司，从而引起第二组关系——控制性股东和中小股东关系的难于处理问题。我们可以将此称为"股权集中、股东控制公司的公司治理问题"，属于**第一层次的公司治理问题**。

对于股权分散，没有控制性股东存在的大型上市公司来说，公司治理的主要问题是种关系——股东作为一个整体和公司管理机构——董事会之间的关系。但是这里可能存在的一个问题是，董事会对股东"过度负责"，可能会影响利益相关者，进而引起第三组关系——公司控制者和公司利益相关者关系的正确处理问题。我们可以将此称为"股权分散、董事会控制公司的公司治理问题"，属于**第二层次的公司治理问题**。

进而，对于一些股权高度甚至是极度分散的大型上市公司来说，可能股东选举董事都因面临集体行动困境而实际变成了为经理层挑选出来的董事盖上橡皮图章了。这样的公司要解决好上述各种关系，真正加强董事会对股东的责任，需要同时加强董事会对经理层的控制。我们将此称为"股权高度分散、经理层控制公司的公司治理问题"，属于**第三层次的公司治理问题**。

根据上面对公司治理问题层次的划分，就典型情况来说，中国企业的主要公司治理问题领域是第一层次和第二层次的问题。约束控股股东和授权董事会，是中国企业构建现代公司治理结构的首要任务。董事会的构建和有效运作是我们要重点学习的。发达国家流行的解决第三层次公司治理问题的一些做法，还不是我们当前需要的。我们的当务之急和关键挑战是解决发达国家历史上已经解决了的第一层次和第二层次的公司问题。

公司治理与会计职业道德

纽约证券交易所告诫书中直言不讳地指出，"没有一种商业行为和商业道德的规范能够代替一个有职业操守的管理者、高级职员或者雇员的深思熟虑的行为"。一句话就道出了职业道德的重要性。ACCA 前行政总裁布理维表示，"良好的职业操守对于有效的公司治理至关重要，许多公司董事会已经日益意识到公司需要拥有正确的道德文化"。由于会计行为受到会计主体本身和公司治理中各利益主体的利益因素影响，公司治理结构中各种关系是否明确、责权利划分是否得当，都将对企业会计行为选择的结果产生影响。

2004 年，经济合作与发展组织（OECO）重新修订的《公司治理准则》中，有以下内容。"公司治理只是公司运行大环境的一部分，其中包括宏观经济政策、产品和要素市场的竞争程度等。公司治理框架还依赖法律、监管规则和制度环境。除此之外，诸如商业道德、公司对社区公共利益和环境等的关注也能够影响公司的声誉和公司的长远生存。"

英国特许公认会计师公会（ACCA）和亚洲 CFO 研究机构联合发布的调查报告《公司治理、商业道德与 CFO》中也显示，随着公司 CFO 在完善公司治理以及提高公司透明度中的作用越来越大，CFO 的角色仍在不断演变之中，对于在公司道德行为的责任方面自己应扮演的角色，许多 CFO 正寻求更明确的答案。近 70% 的 CFO 认为，他们应该树立一个良好的道德榜样；超过一半的 CFO 表示，应该在公司董事会、高级管理层以及决策层推进道德价值观的整合；18% 的 CFO 则认为，对于他们个人而言，确保一个良好的道德环境是至关重要的，另有 52% 的 CFO 认为这一点对他们十分重要。

"锐好集团"的公司治理与会计职业道德

"锐好缺一好，公司便不好"，这缺失的一好便是职业道德，本案例中锐好集团从高管到基层员工，整体出现了职业道德缺失。仅仅从财务视角来看，公司财务副总监到普通的会计人员，统统参与了有违职业道德甚至违法的行为。

Badaracco 认为，符合道德准则的行为可能会使公司的短期利益受到损害，但从长远角度来说，恰恰使得公司的利益得到保障。有效的公司治理必须依赖正直诚信等道德准则，这些道德准则是公司核心价值的体现，对保持公司的竞争优势有着积极的作用。一系列与伦理道德相关的规则和实践有助于提升公司治理的效果，其中大部分的规则和实践是与公平、诚实、正直等分不开的。一个公司要想生存发展，就必须获得利润，但是，对利润的追逐必须受道德的约束。这样，公司就必须实行一些与道德相应的政策，如保护环境、实施道德培训计划等。这些都有助于公司构建良好的形象和提高美誉度，获得消费者的信赖，增强员工的凝聚力，从而为公司的稳定发展提供了保证。在现实中，重建信任则是一个漫长而艰难的过程。

由此可见，锐好集团因短期利益牺牲了长期利益，不但名誉扫地，前程尽毁，还要接受法律的惩罚，如果公司能够有一个有效的公司治理机制，坚守底线，步子放慢一点，谋求可持续发展，那么一切将会大不相同。

锐好集团是一个典型的从公司治理层就失效的例子，一个大型公司尚且如此，更何况中小微企业呢？我国中小微企业广泛存在，这些企业往往会选择代理记账这种方式来进行财务和税务处理。那么代理记账公司的治理与代理记账人员的职业道德问题就更加重要了。例如，小代大学毕业后自主创业，带领一班年轻人开展业务，先后为 20 多家公司提供专业财会代账业务。小代为其中一家公司即贾某的公司代账，由小代代理记账开票，半年后，因贾某经常不提供业务凭证材料，小代逐渐产生怀疑。

【案例问题 1】 此时此刻，小代应该如何应对（　　）。

A. 索要业务凭证　　B. 问清楚情况　　C. 继续服务

年底，小代向贾某当面了解情况，贾某便如实说自己通过"空壳公司"虚开增值税专用发票。

【案例问题 2】 小代该如何应对（　　）。

A. 继续服务　　B. 立即终止服务　　C. 向公安机关、税务局匿名举报

D. 劝说贾某停止违法活动并自首

小代告诉贾某，如果再代账就务必增加费用。此外，小代还要求贾某专门租赁办公室、购置手机接收开票信息，对于小代的交代，贾某一一照办。

2019 年年底，贾某虚开增值税专用发票一案案发，小代自觉向公安机关投案自首。后经税务稽查部门、公安机关侦查确认，贾某虚开增值税专用发票行为，一共造成国家税款损失 670 余万元。

小代在明知为他人虚开增值税专用发票后仍未停手，虚开的增值税专用发票已实际被抵扣税款 230 余万元。按照《中华人民共和国刑法》第二百零五条，【虚开增值税专用发票、用于骗取出口退税、抵扣税款发票罪】虚开增值税专用发票或者虚开用于骗取出口退税、抵扣税款的其他发票的，处三年以下有期徒刑或者拘役，并处二万元以上二十万元以下罚金；虚开的税款数额较大或者有其他严重情节的，处三年以上十年以下有期徒刑，并处五万元以上五十万元以下罚金；虚开的税款数额巨大或者有其他特别严重情节的，处十年以上有期徒刑或者无期徒刑，并处五万元以上五十万元以下罚金或者没收财产。

2020 年 4 月，贾某被人民法院一审判处有期徒刑 11 年，并处没收财产。小代系从犯，并具有自首、从犯等从轻处罚情节，被法院一审判决有期徒刑 2 年 6 个月，并处罚金 8 万元。

【**案例问题 3**】关于虚开增值税专用发票，下列做法中正确的有（　　）。

A.无论老板给多少钱，坚决不虚开发票，做到不参与、不介绍、不签字

B.不贪图小便宜

C.不给自己找借口

D.老板让做就做，会计没有发言权

案例问题 1 答案：AB

案例问题 2 答案：BCD

案例问题 3 答案：ABC

第 7 章

会计职业道德与内控内审

内部控制案例："实况公司"
如何不实

"实况公司"背景

实况公司是一家集科研开发、药材种植、药材交易以及终端销售为一体的高新技术企业，经过多年发展，不断扩大产业规模，成为股票市场上被看好的优质白马股，在同行业中处于领先地位。

甄女士会计硕士毕业后，于一家大型企业就职多年。2017年，甄女士以财务经理的身份加入实况公司。由于实况公司在业内工资待遇以及前景都很不错，起初甄女士很开心，作为一名资深的财务人员，她很有信心通过自己的专业能力以及丰富的经验使公司财务规章和流程更加完善。

"实况公司"的内部控制问题

几个月后，甄女士发现尽管公司的规章制度制定得比较完善，但在企业实务中很多没有得到实际执行，同时，公司存在一股独大的现象，公司高管会议基本就是听指令行事，由一人进行决策，公司在关联方、资金授权审批以及供应商往来交易等多个方面都存在问题。

经过两天的思考，甄女士叩响了董事长贾老板办公室的门，打算与其交流一下，谈话内容如下。

贾老板："甄女士加入咱们公司已经几个月了，对咱们公司熟悉得怎么样？"

甄女士："了解得差不多了，我发现公司很多需要严加遵守的规章制度在实务中没有得到实施。"

贾老板："因地制宜！咱们要按照公司的实际来。"

甄女士："可是职责分离这些硬性规定还是要遵守的呀。还有公司在库存积压的情况下还存在大量采购现象，并且在销售中有定价明显偏低的现象，部分业务没有按照合同约定收款。"

贾老板："咱们的供应商要招投标，还差一点业绩，大家合作多年了，互相帮助。"

…………

甄女士心情沉重地走出办公室，她感觉公司董事长的说法有待商榷。她在回自己办公室的路上听到两名销售人员谈起今天的收入，她随口问了一句："应收账款多吗？经过赊销审批了吗？"两名人员疑惑地看了她一眼，说："就跟平时差不多，咱们公司客户名单里的不用审批。"甄女士心情更加沉重，并且感觉公司存在的内部控制缺陷比她想象的还要多，会计人员的职业道德也很可能存在问题。

一个月后，甄女士发现公司收入突然增长，大多还是应收账款，甄女士对此产生了怀疑，找到信用审批部门询问其对赊销是否进行了审批，得到的回答与之前在销售人员那里得到的回答基本一致。甄女士多年来的经验使她察觉到这种迹象很可能表明公司在进行财务造假，但甄女士没有再次找董事长贾老板进行谈话，她心里清楚这时的交流已经没有太大的意义了。在静坐许久后，甄女士向人事部门递交了辞呈。

【开放性选择题】如果你是甄女士，面对公司存在重大内控缺陷甚至财务造假的状况，你会如何做？（　　）

A. 辞职

B. 参与其中，获取高额回报

C. 保留证据，以证自身

D. 向有关部门举报

【分析】

A. 辞职是最干脆利落的做法。公司内控失效，辞职使自己避免了有意或无意参与公司中任何违反职业道德或者法律的活动。

B. 如果利用内控失效来获取自身经济利益，或者受到高层人员的利诱或威胁参与舞弊，编制虚假财务报告，可能会获取高额回报，但风险同样是巨大的，一旦被发现，很可能在违反职业道德的同时也违反了法律。《会计法》规定：伪造、变造会计凭证、会计账簿，编制虚假财务会计报告，构成犯罪的，依法追究刑事责任。

C. 对于保留证据且留在公司这一做法，如果公司进行财务造假而会计人员参与其中，即使保留证据也会违反职业道德，往往也难逃法律的追究。

D. 担当吹哨人，向有关部门举报，可以揭露企业不愿对外公开的内部问题促使企业整改，但在揭露过程中以及之后可能会遇到很多问题。

在甄女士辞职半年后，实况公司因涉嫌信息披露违法违规被证监会立案调查，实况公司进行了自查：在营业收入及成本方面确实存在大额账实不符的情况。实况公司将其归因于会计人员的工作差错，轻描淡写地一笔带过，董事长贾老板在接受媒体采访时表示财务造假与差错是两回事，不能混为一谈，在隔天发布的道歉信中，依然避重就轻。

不久后，实况公司由于财务造假收到了证监会的《行政处罚决定书》，证监会的调查公告表明实况公司通过虚构收入和利润、虚构货币资金等方式进行造假，并且直接负责的主管人员并未履行其相关职责与义务，对于关联方交易的相关款项并未恰当审批以及记录保管。

陷入虚构收入与货币资金旋涡的实况公司，实际在上市前就曾披露过内控的重大缺陷。有记者通过查阅发现，根据实况公司 2016 年披露的上市资料，实况公司存在的重大缺陷包括公司治理架构出现漏洞以及缺乏有效的监督机制。当时，实况公司称，正在执行一系列措施来解决公司已经查明的重大缺陷。甄女士在入职前就看过这个新闻消息，但她感觉公司在一年时间内应该已经整改好，没想到在入职后发现其问题远不止这些。

内部控制与会计职业道德

"实况公司"的内部控制缺陷认定标准

在收到证监会的《行政处罚决定书》后，实况公司根据《企业内部控制基本规范》及其配套指引的规定和其他内部控制监管要求，结合公司内部控制制度和评价办法，在内部控制日常监督和专项监督的基础上，对公司 2018年 12月 31日（内部控制评价报告基准日）的内部控制有效性进行了评价。

实况公司董事会根据公司内部控制规范体系对重大缺陷、重要缺陷和一般缺陷的认定要求，结合公司规模、行业特征、风险偏好和风险承受度等因素，研究确定了适用于本公司的财务报告内部控制缺陷具体认定标准，并与以前年度保持一致。 财务报告内部控制缺陷具体认定标准，如表 7-1及表 7-2所示。

表 7-1　财务报告内部控制缺陷定量标准

指标名标	重大缺陷定量标准	重要缺陷定量标准	一般缺陷定量标准
①利润总额潜在错报	错报 ≥利润总额的 5%	利润总额的 3% ≤错报 <利润总额的 5%	错报 <利润总额的 3%
②资产总额潜在错报	错报 ≥资产总额的 1%	资产总额的 0.5% ≤错报 <资产总额的 1%	错报 <资产总额的 0.5%
③经营收入潜在错报	错报 ≥经营收入总额的 0.5%	经营收入总额的 0.3% ≤错报 <经营收入总额的 0.5%	错报 <经营收入总额 0.3%
④所有者权益潜在错报	错报 ≥所有者权益总额的 1%	所有者权益总额的 0.5% ≤错报 <所有者权益总额的 1%	错报 <所有者权益总额的 0.5%

表 7-2 财务报告内部控制缺陷定性标准

缺陷性质	定性标准
重大缺陷	①董事、监事和高级管理人员舞弊；②更正已公布的财务报告（非文字错别字）；③外部审计发现当期财务报表存在重大错报，而内部控制在运行过程中未能发现该错报；④内部审计职能对财务内部控制的监督无效；⑤其他可能影响报表使用者正确判断的缺陷（由高管层衡量）
重要缺陷	①未依照公认会计准则选择和应用会计政策；②未建立反舞弊程序和控制措施；③对于非常规或特殊交易的账务处理没有建立相应的控制机制或没有实施且没有相应的补偿性控制；④对于期末财务报告过程的控制存在一项或多项缺陷且不能合理保证编制的财务报表达到真实、完整的目标
一般缺陷	不属于重大缺陷和重要缺陷的其他控制缺陷

内部控制为何失效

根据前文所述的舞弊三角理论，压力因素是企业财务造假的诱因，机会因素的存在会使舞弊的实现成为可能，同时对会计职业道德产生威胁。据实况公司 2019 年审计报告看，其 2019 年错报在利润总额的 3%~5%，在营业收入的 0.3%~0.5%，属于表 7-1 中内部控制定量标准的重要缺陷；同时，董事、高级管理人员参与舞弊，内部控制未能发现外部审计所发现的财务报表重大错报，这属于内部控制定量标准的重大缺陷。内部控制的质量与财务造假显著负相关，这种内部控制的失效使其内部产生舞弊机会、违背职业道德的机会，以下从内部控制五要素方面进行实况公司内部控制与会计职业道德分析。

1. 控制环境与会计职业道德

控制环境是公司内部控制的基调，影响员工对内部控制以及其自身工作的认识和态度。

在甄女士离职后不久，有报道称实况公司董事长贾老板对药监部门负责人、地方政府官员等行贿，但实况公司并没有因此收敛，此后多次卷入行贿风波。同时，实况公司将其存在的大额营业收入与成本账实不符现象归因于会计人员的工作差错，并且在爆出财务造假后，董事长贾老板并没有正面回应此事，反而发文鼓励公司员工，这无疑是在逃避现实。种种迹象都表明企业缺乏诚信精神和社会责任感，高层人员缺少以身作则的态度。这种态度影响了会计人员，使其无法正确认知自身违反职业道德的行为，对于刚毕业没有经验的大学生来说更是如此。

实况公司的股权结构不合理，董事长拥有 30% 以上的股份，远超其他投资机构和股东，拥有绝对的话语权，没有其他股东能轻易与其抗衡，这就造成了实况公司一股独大的现象，使得企业内部控制不能对其产生制衡，管理层凌驾于内部控制之上的风险大大增加。实况公司的很多会计人员屈于管理层的利诱或威胁，参与了公司的财务造假过程，同时设立了真假两套账，虚增收入、利润，不仅违背了职业道德，更违反了法律。

2. 风险评估与会计职业道德

企业的风险评估，理论上是在制定战略计划的同时，对企业管理人员、关键岗位人员所要实施的计划以及风险偏好等进行定性与定量评估。

尽管近年来，人们对保健品的需求量逐年提升，但在 2018 年实况公司制定快速扩张战略时，我国的保健品的消费量远不及其制定的战略中的预估量。在此背景下，实况公司推出一年内增加上百家门店的扩张计划明显存在很大的风险。同时，公司仍选择需要大量资金且回收期长的投资项目，没有利用丰富的数据与资料并结合公司实际发展现状进行定性与定量的风险评估。

从其自查结果可以看出，这种高扩张的营销手段及投资并不合理，说明实况公司内部的风险评估机制没有发挥应有的作用。在这种情况下，公司为了达到融资标准来进行战略发展，会要求财务人员虚构利润等来达到标准，从而使由于各种原因无法离职的财务人员违反职业道德甚至法律。

3. 控制活动与会计职业道德

控制活动有助于确保企业管理层的指令能够得到执行，并有助于确认处理风险所必须采取的手段已得到执行，从而使企业在一定程度上规避风险。

实况公司巨额的药材采购资金没有得到恰当的授权审批就流出公司，使得公司账实不符。从职责分离角度来看，在采购与付款过程中存在董事兼任采购部经理的情况，这为管理层滥用职权提供了便利条件；从证监会发布的声明来看，实况公司财务造假数年，大量虚增营业收入、货币资金，这种长期财务舞弊行为没有引起公司管理层、治理层以及审计委员会的注意，很大程度上也表明实况公司的授权审批制度存在缺陷。

类似这种职责分离不完善的情况，使得财务人员无法严格按照各种审批流程来处理账款，并且长期处于这种环境中，很容易产生错误的认识，从而随波逐流，违背其职业道德。

4. 信息与沟通与会计职业道德

信息与沟通是内部控制的纽带，企业各个层级、各个员工都需要运用信息来识别、评估与应对风险，以便更好地履行职责。在大数据时代，加强信息管理、提高沟通效率和准确性尤为重要。

在实况公司财务造假事件中，实况公司的财务数据被证监会调查发现存在连续造假，从其自查报告发现其收入与货币资金都与实际情况不符，并且其隐瞒了公司对外大额担保的情况，这表明实况公司对财务数据的披露严重违背了"真实、完整、准确"的基本披露要求，误导了广大的财务报表使用者。这些与实际情况不符的财务数据大多是会计人员完成的，虽然对外披露是管理层的责任，但在虚假信息的编造过程中会计人员扮演着不可忽视的角色。

实况公司一股独大，公司决策基本由一人做主，中低层员工按照相关领导的指令行事，不敢有半分逾越，并且在工作中不敢与上级领导直接交流，领导与下级一直处于单向沟通状态，这使得会计人员也基本是听命行事，无法表达自己的想法。

5. 监督与会计职业道德

内部监督是企业进行自我检查、自我约束的机制，企业的内部监督机制只有得到有效执行，才能促使内部控制不断完善，保障投资者的利益。

从表面看，实况公司的组织架构与控制监督十分符合现代公司法人治理结构的设计要求，但在实务中实况公司管理层与董事会的任命多有重叠，并且其中还存在亲属关系。一股独大现象使得公司难以做到真正的内部监督。同时，公司的内部审计部门缺乏谨慎性与独立性，对于公司的财务数据错误没有进行详细了解，使得会计监督系统没能及时发现财务数据的错误，还可能存在多方人员串通舞弊。这种监督不严使得财务人员很容易就受到威胁的压力或者利益的诱惑来帮助管理层进行造假，并且很可能多方串通。

同时，当财务人员遇到重大经济问题时，这种内控缺陷就很可能驱使财务人员盗用公司资金来缓解自己的财务压力。

如何保证内部控制有效

不完善的内部控制会增加会计职业道德的风险。实况公司为了抢占市场，需要大额资金，其自身经营所产生的资金不足以应对快速扩张，这时就需要进行外部融资，而其自身发展又达不到融取足够资金的标准，公司就有足够的动机虚构收入、利润以及货币资金。在这时应该反思的是为什么公司的制度体系尤其是内部控制制度无法阻止此类事件的发生。实况公司内部控制存在的种种漏洞使得各个层面都存在一定问题，这就为财务造假提供了可乘之机。公司的高层能够利用其职位便利以及公司话语权获得利益，而又得不到约束，从而使其有机会导演财务造假，使会计信息的质量得不到保证甚至严重失真，此时财务人员的职业道德风险也会大大增加。

财务造假一般是由企业高层主导，但主要通过会计手段来实现。高管往往会要求财务人员做假账，而财务人员如果为了工作或者高额收益参与其中，就很可能会违反会计职业道德与法律，最终承担经济责任，情节严重构成犯罪的甚至还要承担刑事责任。

通过对实况公司内部控制的分析，财务人员要从中吸取经验，更好地维护职业道德。

1. 财务人员要具有能力

新时代学习和掌握一定的新知识、新技术和新方法，能够使财务人员实现全面化发展。

新时代的财务人员不仅要掌握专业知识并且与时俱进不断学习，还要了解公司的业务流程，以便更好地开展财会工作。在大数据广泛运用的时代，财务人员还要不断充实自己处理数据的能力。这样，在察觉出企业内部控制存在重大缺陷以及财务造假迹象并被要求进行财务造假时，财务人员可以选择离职并凭借自身所拥有能力选择规范性强的企业工作，严格遵守会计职业道德。

2. 财务人员要具有正直性

在面对企业内部控制缺陷时，财务人员可以与相关人员进行沟通，告知内部控制存在的问题并提出自己的建议；在内部控制缺陷重大且存在舞弊迹象时，财务人员要保持自身的正直性，将个人操守置于经济利益之上，避免参与其中。

内部审计案例："大美公司"
如何不美

　　内部审计主要是由公司内部人员进行的审计，是评价公司管理优良与否的关键一环。内部审计具有客观性和独立性，因此合理运用规范系统的方法以保证内部审计工作的有效性对内部审计人员来讲十分重要。然而在实际生活中，很多公司并没有意识到内部审计部门的重要性，有的内部审计人员甚至没有从财务部门分离出来或者一个公司的财务人员与内部审计人员相互调动也是司空见惯的，因为内部审计工作大部分也跟企业的经济活动密切相关，在这一点上与财务人员的工作内容是相似的。在这样的背景下，提高内部审计人员的职业道德水平尤为迫切。每个公司都应对其内部审计人员在审计工作中的独立性、客观性等提出更高的要求。

"大美公司"的背景

　　大美公司是一家现代化的民营企业，总部位于北京。其主营业务包括中成药、化学制药等相关产品的研发、生产和营销。其名下还成立多家高技术人才工作站和产品生产基地。大美公司在突出主营业务——药品的同时，还进行了多元化的发展，逐步筹备并建立了养老和健康产业。为了拓展国际市场，大美公司还积极与俄罗斯、新西兰等国家进行如中药材栽培等领域的合作。

"大美公司"内部审计问题

李华是从国内某著名财经大学毕业的学生，曾在四大会计师事务所实习过，他头脑灵活，兢兢业业，取得了优异的工作成绩，经常受到单位嘉奖。后来大美公司扩张急需人才，李华应聘并最终成功进入大美公司审计部，李华胸怀对大企业的期盼和想要成就一番事业的志向来到大美公司，然而事实远没有李华想象的那么单纯和美好，事情源于一次销售业务的内部审计作业。

在这次销售审计作业中，李华作为审计部的一员也参与其中，主要负责基础资料核对审查。在审核过程中，他发现大美公司销售资料存在诸多问题。

问题1：有关部分逾期未回收的应收账款的款项存在异常。有一笔交易早已结束，但是款项却只收到了40%左右，其为药材的预付款，而且近3年都没有收款记录，催收记录都是"药材结算正在进行中""对方内审部正在审计"。

问题2：大美公司采取了促销的方式吸引客户，公司内的A过敏药品销售有明显的淡季和旺季，合同履行期限应只覆盖旺季，但该合同订立的合同履行期限却是一整年，不区分淡季和旺季，这明显不符合公司产品的营销节奏。

针对以上问题，李华在紧蹙眉头的同时，也在思考该从何着手调查。

作为一名公司新手，他首先想到的是去询问其内审领导——公司内部审计组长王磊的意见："王主管，我在此次销售作业调查过程中发现了几个问题，请您过目。"

只见王主管粗略扫过李华的报告，顺手扔到办公桌的一角，神情淡漠，沉声道："这是你发现的？谁让你查这些？这些都是老历史了。"

李华非常诧异，不禁质疑道："可是正因为时间这么长却还没在报告中显示过有问题，我们才应该深入调查呀。"

王主管开始不耐烦了，同时语气更重道："你很闲吗？竟指导起我的工作来了。先不要管之前的问题了，处理好你手头的工作就可以了。"

听到这，李华便也不好再说什么了，只好沉默着走出王磊的办公室。但他身为一名有工作经验的审计人员，对这些问题的质疑依旧如鼓槌般不停敲击着他的神经。认真思虑过后，他并没有放弃调查，而是决定继续探究下去。

内部审计问题原因挖掘

首先，针对问题 1，李华先去人力资源部了解负责该项业务的原业务员的相关情况，意图向其询问出现异常的原因，然而却被其他工作人员告知原业务员已离职。这就更加证实了李华的怀疑，他内心不禁揣测道："即便业务再复杂，也不应该拖了三年还没有结算完成，这到底是怎么回事？"

之后，李华又找到财务部的李冰："冰姐，财务对这块儿如何对账？"李冰告诉他："你让业务员找对方对账，记得把询证函打印好。"于是，李华通过方正公司的官方网站找到业务电话，打给其财务部，直言询问道："您好，我想针对三年前的应收账款业务进行对账。"然而对方财务说："我们只认业务员，让他来和我们对账。"可原业务员已经离职了。后来，李华编制了一份假的对账单（应收账款金额大于实际应收款，收款金额小于实际已经收款），并谎称自己是财务人员，然后上门和对方财务进行对账，这才发现其实两年前该公司转过一笔应收账款，但却转到了业务员的个人银行卡里，而该业务员在离职时并未将该款项上交给公司。

对方财务说："你们业务员当时说公司的账户因诉讼被冻结了，要求先转入他个人账户。"李华对打款记录拍照，从方正公司赶回来后，将证据交给法务部并告知了事实真相。随后，法务部打电话给原业务员，并严肃说道："姜凯，依据《中华人民共和国刑法》第二百七十一条——职务侵占罪和贪污罪，你已触犯刑法，并且我们已掌握你犯罪的证据。你现在必须在七日内退还所侵占的款项，不然公司将依法对你提起诉讼。"姜凯哭诉道："求你了，别告我，当时我也是因为家里老人生病急需用钱，才不得已这样做的。我马上凑齐钱款还给公司。"五天后，款项成功到账。

相关法规扩展

1.第二百七十一条【职务侵占罪；贪污罪】

公司、企业或者其他单位的工作人员，利用职务上的便利，将本单位财物非法占为己有，数额较大的，处三年以下有期徒刑或者拘役，并处罚金；数额巨大的，处三年以上十年以下有期徒刑，并处罚金；数额特别巨大的，处十年以上有期徒刑或者无期徒刑，并处罚金。

国有公司、企业或者其他国有单位中从事公务的人员和国有公司、企业或者其他国有单位委派到非国有公司、企业以及其他单位从事公务的人员有前款行为的，依照本法第三百八十二条、第三百八十三条的规定定罪处罚。

2.第三百八十二条【贪污罪】

国家工作人员利用职务上的便利，侵吞、窃取、骗取或者以其他手段非法占有公共财物的，是贪污罪。

受国家机关、国有公司、企业、事业单位、人民团体委托管理、经营国有财产的人员，利用职务上的便利，侵吞、窃取、骗取或者以其他手段非法占有国有财物的，以贪污论处。

与前两款所列人员勾结，伙同贪污的，以共犯论处。

3.第三百八十三条【对犯贪污罪的处罚规定】

对犯贪污罪的，根据情节轻重，分别依照下列规定处罚。

（1）贪污数额较大或者有其他较重情节的，处三年以下有期徒刑或者拘役，并处罚金。

（2）贪污数额巨大或者有其他严重情节的，处三年以上十年以下有期徒刑，并处罚金或者没收财产。

（3）贪污数额特别巨大或者有其他特别严重情节的，处十年以上有期徒刑或者无期徒刑，并处罚金或者没收财产；数额特别巨大，并使国家和人民利益遭受特别重大损失的，处无期徒刑或者死刑，并处没收财产。

对多次贪污未经处理的，按照累计贪污数额处罚。

犯第一款罪，在提起公诉前如实供述自己罪行、真诚悔罪、积极退赃，避免、减少损害结果的发生，有第一项规定情形的，可以从轻、减轻或者免除处罚；有第二项、第三项规定情形的，可以从轻处罚。

犯第一款罪，有第三项规定情形被判处死刑缓期执行的，人民法院根据犯罪情节等情况可以同时决定在其死刑缓期执行二年期满依法减为无期徒刑后，终身监禁，不得减刑、假释。

秉承职业道德，打破砂锅问到底

李华乘胜追击，又对问题 2 展开调查。但他考虑到自己对销售业务并不熟悉，于是先采用与销售部门人员进行访谈和摸底的方式，欲快速了解大美公司的销售业务内容和工作流程。其中他对销售返利的流程格外关注，这个流程涵盖"经销商销售返利申请—公司汇总申请—总公司市场部门审核—银行电子付款"。

尽管此流程简单明了，容易高效实现，然而通过进一步了解得知：由于大美公司并没有非常明确的审核参考标准，市场部门在审核时也不能对资料的真实完整性进行充分审核，只能在实际实施时以资料的齐全与否作为主要审核标准。

然而除了合同履行期限有异常，李华还发现与大美公司常年合作的经销商——方正公司的另外几处疑点。

①通常申请资料中的合同提报，都是以合同原件的照片格式上传，但其中一笔付款的合同，却是一张复印件的照片，且合同复印件上的合同日期有人工涂改的痕迹。

②虽然该合同订立了一整年的期限，但经过统计大美公司跟方正公司营销互动的照片发现，公司只有一个月份的互动照片，且该月份恰好是公司传统营销旺季。

③通过税务局网站对方正公司提报的发票进行查验，结果显示有几张发票无法查询。经过仔细比对发现：几张无法查询的发票是变造的可以查验的真实发票。

至此，李华有了充分的理由怀疑该经销商以促销活动虚报了返利金额，但目前掌握的证据仍稍显不足，无法一锤定音。于是，他先确定了审计的思路：假如方正公司出现舞弊行为，它可能不会仅仅满足于多次小金额的申请。

基于这个思路，他对近几年的销售返利兑现金额按单次金额和累计金额两个维度进行了统计、分析和排序，重点对前几十笔交易逐笔进行核实。

李华深知如果方正公司起了贪念并侥幸成功过一次，那么就会有更多的尝试。于是，他对方正公司的返利申请资料扩大范围进行再审核，结果新增加多笔类似操作，累计虚报了100万元。出于谨慎性原则，李华决定寻找更多的证据。

考虑到王磊主管可能从中作梗阻挠调查并担心惊动方正公司，于是李华复盘之前的查证过程，对相关审计资料再次进行交叉排查后，又有了新的发现。原来，在审计初期，他仅仅对合同、发票和照片进行了查看、比对，潜意识里认为银行电子凭证都是真实的。但这一次对银行电子凭证再次复核时，细心的李华发现银行电子凭证的脚注处有一行小字，即该凭证可以通过银行官网进行查询验证。他将之前在税务局网站无法查询的发票所对应的银行电子凭证又在银行网站重新进行查询，发现经销商提报的银行电子凭证金额与银行真实转账金额有差异。

按照这种方法，李华再一次排查了所有相关资料。最终确定经销商虚报的100万元金额与之前查验到的虚假发票金额一致，即经销商方正公司以虚假发票进行销售返利舞弊。

随后，他又通过天眼查发现方正公司副总的名字与大美公司内部审计主管王磊妻子的相同。出于谨慎性原则，他经过访问和调查等多方认证，最后证实她们其实是同一个人。这一发现不得不加深了李华对王磊的怀疑。之后东窗事发后，有关部门通过查询王磊的个人账户发现多笔来自同一账号（后经调查，是方正公司的账号）的不明转账，甚至他与之前离职的业务员姜凯还有两笔转账记录（一笔是离职时王磊与姜凯的分赃款，一笔是近期东窗事发王磊转的还款）。

这些调查结果令李华惊讶不已，思量过后他将一系列证据和调查过程结果汇报给了王磊的上级——首席审计执行官付品。最后大美公司对王磊进行了停职调查，发现王磊不仅与方正公司的王琳（王磊妻子）串通舞弊，进行销售返利，还利用职务之便，指使业务员姜凯侵吞公司财产，并与其分赃。王磊担心事后被姜凯威胁，还令其离开大美公司。最后人赃并获，尽管王磊一再以家里老人生病需要大笔医药费为由为自己的行为开脱，最终还是受到了严厉的惩罚。而李华因为在此次销售审计作业中的突出表现升职加薪。经此事后，大美公司也细化了不同职位工作人员检举或参与舞弊事件后的奖惩措施和具体标准，并将工作人员的职业道德水平纳入绩效考核体系之中。

内部审计与会计职业道德

内部审计基本理论

我国内部审计师协会在《内部审计基本准则》中对内部审计进行了具体定义：**内部审计**是指组织内部的一种独立客观的监督和评价活动，它通过审查和评价经营活动及内部控制的适当性、合法性和有效性来促进组织目标的实现。

内部审计职能是指内部审计本身所固有的内在功能，并可以反映出内部审计的本质。这些职能主要服务于审计目标的实现，且在审计目标产生变化之时，这些职能也随之改变。内部审计主要有四大职能。

（1）监督职能。

（2）评价职能。

（3）服务职能。

（4）控制职能。

内部审计与会计职业道德关系分析

上述大美公司案例中，王磊身为内审主管，本应严于律己、恪尽职守，然而却在欲望和权力的驱使下屡屡犯错，违背了会计人员应有的职业道德，使公司内审的独立性和客观性失效，最终酿下恶果。其背后的原因，自然也是多方面的。

第一，依据 GONE 理论，王磊和妻子因为贪念和欲望，谋生了侵吞公司钱财的想法，具备了不良的"动机"因子。另外，王磊作为内审主管，拥有的权力也让他在权限管理和信息掌握方面具备优势，而公司内部审计机构制度环节缺漏，其舞弊行为得不到应有的制约，这使其具有了"机会"因子。此外，大美公司针对工作人员舞弊的惩罚措施和制度并未细化明确，不足以在公司内部形成良好的惩戒影响力，未给潜在的舞弊者以足够的震慑。大美公司的企业文化建设效果不佳，大部分工作人员都不重视职业道德的维护，王磊身居中层更认为自己的舞弊行为不会被检举甚至惩罚，这使其具备了"暴露"因子，做出了可以实施舞弊的错误判断。

第二，依据**舞弊三角理论**，业务员姜凯受制于家里需要大笔钱财这一外部刺激，使其有了同意侵吞公司钱财的"压力"。另外，姜凯作为小业务员，认为由于王磊中层领导的职位，其他职员难以发现舞弊事实，加之自身参与其中可以获得大笔收益，因此他觉得此事败露的可能性不大，于是赋予了舞弊"合理化"的理由，促使其参与了舞弊。而后来姜凯哪怕已经离职，他也因为自己牵涉其中而选择不对相关部门检举王磊的贪污舞弊行为。这就导致财务人员难以判断王磊的工作是否有问题。渐渐地，公司缺乏可以发现舞弊行为的内部控制机制，最终使得管理层人员有了更多舞弊"机会"。

大美公司中如李华甚至优于李华的大有人在，但只有李华坚持选择了诚实地为大美公司服务，客观披露所有了解到的重要事项。身为财务人员，确实需要向李华学习，具体学习内容如下。

（1）依据 IMA 职业道德标准，财务和审计人员应该具备**专业胜任能力**。

面临复杂多样的审计业务，财务和审计人员不仅要努力考取 CPA、ACCA 等专业性证书以体现自身的财务专业知识技能水平，还应该了解其他专业背景，譬如法律、行业、管理等，了解多方面知识，才能胜任不同工作，才能在工作中发现小细节、赢得大收获。

财务和审计人员还要注意与时俱进，不断学习，努力朝复合型人才发展，不断强化自身综合实力。积极参加公司提供的专业培训，不断向优秀学员、同事、专家虚心请教学习。

财务和审计人员也应了解相关法律法规、技术标准等，保持身为财务和审计人员的敏感性，增强风险意识，为公司识别风险和决策提供建议支持。

（2）依据 IMA 职业道德标准，财务和审计人员应该保持**正直性**。

身为财务或审计人员，无论何时何地都应该积极践行职业道德准则，将自己的职业操守置于个人利益之上，而不是像王磊一样被个人的贪欲迷了双眼。他身为内审主管不但没有坚决维护公司利益，甚至还与业务员分赃并令其离职以消除隐患。即便面临家境困难等情况，也不能如姜凯一样，向领导低头还让自己也身陷囹圄，而应该保持应有的正直客观，维护自身的职业信誉。

（3）依据 IMA 职业道德标准，财务和审计人员应该保持**可信性**。

财务和审计人员应该向李华学习，公平客观地沟通并传递信息，维护公司利益和道德文化。倘若王磊和妻子不蝇营狗苟，而是公私分明，按照法律规章及时准确地向公司汇报事宜，其结局也不会是如此令人唏嘘。因此，财务和审计人员要像李华一样，做出正确职业判断，根据组织政策和法律，披露信息的内容、流程或内部控制上的延误或缺陷。

（4）当财务和审计人员面临职业道德问题时，逃避和硬碰硬绝不是好的选择，而是应该积极寻求解决相关问题的办法。在采取措施时也要注意方式方法，考虑可能涉及的风险和是否会遭遇报复等。在保护自己的前提下，可以遵循组织既有的政策，采取匿名举报。若是没有相关的政策，就要学习李华，可以先与直接上司讨论。如果直接上司有牵涉其中的嫌疑，就可以将该问题报告给更高一级的上司进行处理。当然，IMA 还提供了匿名帮助热线，会员可以通过《职业道德守则公告》的关键要素来解决职业道德问题。

现实生活中可能有各种诱惑和利益，也有各种压力和无奈。但不管怎样，坚守住自己的职业道德底线，不做有损其他员工甚至公司利益的事情，这是每个财务和审计人员应该也必须做到的。坚守自己的职业道德底线，应是财务和审计人员的行为座右铭。

第 3 篇

数字经济时代的
会计职业道德

由国家互联网信息办公室、国家发展和改革委员会、工业和信息化部、国务院国有资产监督管理委员会、福建省人民政府共同主办，福州市人民政府等有关单位承办的"第四届数字中国建设峰会"于 2021 年 4 月 25—26 日在福建省福州市海峡国际会展中心召开。在 25 日的主论坛上，中国信息通信研究院（以下简称"中国信通院"）副院长王志勤发布了《中国数字经济发展白皮书》。白皮书显示，2020 年我国数字经济规模达到 39.2 万亿元，占 GDP 比重为 38.6%；数字经济增速是 GDP 增速的 3 倍多，成为稳定经济增长的关键动力。已有广东、江苏、山东等 13 个省市数字经济规模超过 1 万亿元；北京、上海数字经济 GDP 占比超过 50%。

数字经济，作为一个内涵比较宽泛的概念，凡是直接或间接利用数据来引导资源发挥作用，推动生产力发展的经济形态都可以纳入其范畴。在技术层面，包括大数据、云计算、物联网、区块链、人工智能、5G 通信等新兴技术。在应用层面，"新零售""新制造"等都是其典型代表。

8

数字经济时代对会计
职业道德的新要求

戴头盔看房：人脸识别系统拆不拆

近年来，部分地产售楼处开始使用人脸识别技术来进行客户比对，以防止"飞单"。就是说，凡是中介带过来的客户，开发商都会通过人脸识别系统进行比对，如果发现这个客户之前主动到访过，则会判定中介的带客行为无效，不支付佣金，能很好地防止"飞单"。采用这一技术，有的售楼处每年直接节省千万元佣金。但这给一些看房者造成了困扰。2020 年11 月，济南一看房者戴头盔看房防止人脸信息被采集的视频引起轩然大波，看房者宣称"被售楼处人脸识别系统拍到，买房要多花 30 万元"。这反映了人们对人脸识别技术滥用的不满与担忧。

当下，包括商场、餐馆、美容院、动物园在内的许多商业机构及学校、养老院、车站等公共服务场所都在探索人脸识别技术的使用。人脸不像手机号、密码那样可以随意修改，也不像指纹那样需要主动操作，而是本身公开外露，在毫无知觉的情况下就能被采集。此外，照片、视频、伪造 3D头套等有时也能被识别，增加了人脸识别应用的不可控性。人脸信息一旦落入不法分子之手，其产生的道德问题将不堪设想。由此，引发了社会广泛的思考：商业机构的人脸识别系统该不该拆？数字时代的到来，大数据的应用又会给人们的道德体系带来什么样的影响？

数字经济时代对会计职业道德的影响

　　数字时代呈现的特征正在波及社会经济的各个领域，数据分析师、信息系统审计师以及财务智能机器人操作员等一大批新兴会计职业正在兴起。在数字时代，会计职业面临新的变革，并产生新的职业道德问题。为此，本章将在前面章节讨论的基础上，对数字时代所引发的会计职业变革、职业道德困境及其规范进行初步探索。

财务机器人 2.0：财务人员的春天还是寒冬

　　2017 年，金蝶首次推出了自己的财务机器人小 K，该智能财务机器人能够结合人工智能，例如交互式语音、基于位置的服务（LBS）技术和光学字符识别（OCR）技术，从业务发起环节自动识别发票等原始单据，通过内置财务机器人（例如审核机器人、收付机器人、记账机器人、对账机器人、结账机器人、报表机器人等），实现财务的自动审核与记账。通过机器人的自主学习和自我完善，实现自我认知，完成智能报表的出具。智能财务的核心就是通过大数据技术，进行建模与分析；利用人工智能技术，优化财务流程，提高效率；从感知能力、计算能力、认知能力三个层面来推动智能财务的应用。面对金蝶财务机器人 2.0 的冲击，许多会计人员认为财务机器人的应用会让自己下岗，但也有人认为，人类有着机器不可比拟的学习力、创造力，财务机器人永远不会淘汰财务人员，失业更大的原因是财务人员放弃了自己，不能适应数字时代的发展要求，对此，你是如何看待的呢？

数字经济时代会计职业有何变革

在数字时代，会计职业变革不会改变会计职业的本质及目的，其本质和目的仍然是在决策有用观的引导下，为会计信息使用者提供有利于决策的会计信息。因此，数字时代的会计职业，在理论上继承了传统会计职业的特性，辅之以现代技术更好地实现会计职业目标。但在数字时代，会计工作呈现信息化、数据化与智能化等特征，受此影响，会计职业将呈现诸多变化特征和发展趋势。在数字时代，为提升会计工作的效率和效果，会计师必将引入互联网、物联网、大数据、云计算、区块链和人工智能等现代技术以改进会计工作，会计工作的技术性特征将显现无疑，数字时代将催生诸多新兴会计职业。

1. 会计信息系统管理员和信息系统审计师

ERP和财务共享的广泛应用使得信息系统的可靠性受到广泛关注，信息系统的可靠性直接关乎会计数据的真实性和可靠性。由此，信息系统管理员和信息系统审计师将是数字时代的会计职业之一。

2. 会计数据分析师、会计数据库管理员、会计数据保护官

当前，会计专家主要依靠自身判断做出相应的财务决策，而在数字时代，这一现象将发生根本性变化，即会计领域的决策更多依靠数据做出。受此影响，会计专家的光芒会因为数据分析师的出现而变暗，而数据分析师不会受旧观念的影响，通过建立财务数据的相关关系分析模型，聆听数据发出的"声音"将变成极为重要的工作。同时，会计工作的自动化将减少传统会计师的需求量，而对会计数据的分析利用将增强，会促使会计数据分析师等新兴会计职业的兴起。此外，数据分析工作的前提条件是存在可供分析的大数据，因此如何获取、管理和保护会计大数据将变得至关重要，会计数据库管理员和会计数据保护官将被纳入会计师的范畴。

3. 会计人工智能操作员

历史经验表明，每次技术性变革都会带来传统职业的逐步消亡，但也会促进新兴人才需求的增长。从蒸汽机到爱迪生发明电灯，社会各界对机

器取代人工的顾虑从未停止，但大规模的失业从来也会被更大规模的新兴工作岗位替代（The Economist,2014）。无人机、财务智能机器人等人工智能技术的引入，将大幅提升会计工作的智能化程度。人工智能的应用正在改变会计职业的劳动市场结构，未来很多会计师的工作将被智能机器人取代，工作机会将越来越少。随之发生的职业变革将是人工智能操作员在会计领域的出现。

数字经济时代会计职业的利益诱惑

1. 数据价值诱惑

数据价值的利益诱惑是内部控制工作信息化和会计工作数据化的结果，内部控制工作全面信息化后，信息系统在企业或政府部门广泛使用，信息系统管理员掌握着受雇单位最为全面的数据库，而会计工作的数据化也使得会计师掌握着受雇单位大量的底层电子数据。数字时代，数据将成为最重要的生产资料，数据价值成为会计师利益诱惑的主要内容之一。

（1）数据价值诱惑的供给与需求。

数据的价值正在被越来越多的人和企业认识，脸书（Facebook）、阿里巴巴、京东等超级平台公司在短时间内获得巨额经济利益，也证明了数据是这个时代最重要的资源之一。在数字时代，数据库管理、数据分析技术和机器学习等技能运用的基础是数据这个"金矿"，通过挖掘大数据可以获取市场竞争者或客户背后隐藏的商业价值。然而，如何获取数据成为值得关注的问题。在数字时代，数据需求者包括超级平台等互联网公司、数据中间商、竞争对手和其他数据需求者。数据需求者一方面依赖自身力量获取数据；另一方面可能会从数据拥有者手中获取数据，甚至从"数据中间商"处购买数据，而数据中间商的数据也并非完全来自自我收集，他们也会从企业购买。

有需求就有市场，有市场则数据的价值就会显现。REA 会计、REAL会计、ERP 和 FSS 等会计管理新思想或理念扩大了会计数据采集范围，而传感器、云计算、区块链和人工智能等现代技术促使业务数据与财务数据高度集成，进而形成会计大数据。在会计数据需求方数据思维方式形成的前提下，挖掘市场竞争者或客户数据背后隐藏的商业价值成为其主要竞争手段。一旦认识到数据本身所拥有的价值，利益不对称可能会驱使会计师将所掌握的数据，出售或共享给数据中间商或超级平台公司等会计数据需求方，并从中获益。在所有权与经营权分离的情况下，借助消除数据出售或共享日志等手段，成功逃避利益相关者的监管并非难事。由此，数据价值将成为大数据时代利益诱惑的新内容。

（2）数据价值利益诱惑的参与方。

在 REA 会计、REAL 会计、ERP 和 FSS 等会计思想或理念提出以前，业务信息系统与财务信息系统的"信息孤岛"现象较为严重，数据聚集程度不高，数据挖掘价值也不高。在数字时代，随着上述会计思想或理念的应用，业务信息系统与财务信息系统的"信息孤岛"现象被打破，财务业务一体化倒逼企业业务数据与财务数据集成，数据聚集程度不断提升，而挖掘业务数据与财务数据的相关关系所带来的经济利益更是不可估量。

2. 会计免责诱惑

区块链、云计算以及人工智能等现代技术对会计师的影响必将是全方位的，这种影响将会促使远程劳动、共享劳动、委托劳动和人机协同劳动等形态在会计实务工作中运用，而人机协同劳动形态将成为未来会计师执业的主要形态。人机协同劳动形态为会计师免责提供了大量机会。当前，人工智能的相关法律法规还不健全，如何划分人工智能与会计师的权责尚处于探索阶段，从而导致在数字时代，会计师因潜在的免责而新增更多的基于利益驱动的不道德行为。相比传统时代，这些新增的不道德行为，可能具有更强的隐蔽性、无痕性与不可追溯性，这将在更大程度上加大识别、评价与应对相关事项给职业道德带来的不利影响的难度。在数字时代，会计师很可能会与利益相关者形成一致同盟，从而侵害受雇单位的利益，具体表现为以下两种情形。

（1）面对数据价值的利益诱惑时，会计师与数据需求方形成利益一致同盟，利用人工智能窃取受雇单位会计数据，并利用人工智能法律法规的不健全和现代技术手段抹掉违规操作记录，将责任推卸给人工智能，甚至将人工智能毁掉以逃脱法律责任。如会计师利用人工智能将会计数据出售、共享或泄露给数据需求方，并将数据输出日志删除，从中获取非法利益进而逃脱法律对会计师的处罚。

（2）面对物质的利益诱惑时，违规利用人工智能协助其完成不道德行为，降低会计服务供给质量，并利用电子数据无痕修改的特性抹掉违规操作记录，让人工智能成为会计师的"替罪羊"。如会计师利用人工智能"唯命是从"的特性，在人工智能中输入欺骗性或欺诈性指令，从而达到欺骗利益相关者的目的。由此，人工智能将为会计师不道德行为的实施提供新的、潜在的免责机会。

机器人征税：财务机器人是否会成为会计师的"替罪羊"

2016 年，欧洲议会对一个包括向机器人征税的机器人法案进行表决。该法案建议当机器人开始大范围代替人工时，就应该对采用机器人进行生产的这些公司征收额外的机器人税，以此来对因机器人采用而失业的工人进行培训教育和生活补贴。最终这个议案以反对比支持约 4:1 的比例未通过。2017 年法国总统的左翼社会党候选人伯努瓦·阿蒙也表达了类似的观点，而韩国已经成为首个对机器人征税的国家。

在这些主张对机器人征税的意见中，最有影响力的就是比尔·盖茨在一个采访视频中所表达的意见，"在工厂中创造 5 万美元的价值，人类会为这个价值缴税；如果机器人来做同样的事情，我们应该对机器人征收同等水平的税"。他认为，如果机器人替代了原来的工人，那么这些工人必然会离开现有的工作岗位，如果没有向机器人收的税来给这些工人做新的工作培训或提供基本的生活保证，那么这些钱可以从哪里得到呢？比尔·盖茨并不是想通过收税来延缓机器人的发展，反倒担心人们对机器人的发展所带来的大批失业会持反对意见，从而持久性地延误人工智能的发展。于是，就想通过收税来对失业人群进行再就业培训和提供生活补贴，合理和持续地给人工智能提供一个良性的发展环境。这个场景如果实现，那么财务机器人是否会和会计师具有同等地位？是否会促进财务机器人的飞速发展？财务机器人是否会成为会计师违规行为的"替罪羊"？

数字经济时代会计职业的道德困境

专业胜任能力与勤勉尽责是会计职业道德的五项基本原则之一。在数字时代，会计师首先面临的职业道德困境将是专业胜任能力不足的问题，即会计师的专业知识和技能不能满足数字时代对会计工作的要求。此外，在数据价值和会计免责的影响下，会计师还将面临信息系统相关道德困境、会计数据资源管理相关道德困境和会计职业道德物化困境等，即数据价值所带来的信息系统相关道德困境和会计数据资源管理相关道德困境，以及会计免责影响下的会计职业道德物化困境。

1. 数据相关专业胜任能力困境

数字时代的专业胜任能力困境是指，会计师缺乏信息系统和人工智能应用与管理方面的专业技能，或缺乏数据采集、存储、处理以及输出方面的专业技能，导致数据保密、数据安全及资产保全责任不能履行以及其他不道德行为的发生。数据思维方式、会计劳动形态以及现代技术的广泛应用将对会计职业行为提出更高要求，专业知识和技能的水平将成为会计师能否胜任会计工作的重要影响因素。

当前，绝大部分会计师没有获得数字时代会计工作的专业技能，这无疑会对会计服务质量产生影响，甚至导致受雇单位数据保密、数据安全及资产保全责任不能履行以及其他不道德行为的出现。具体来讲，跟数据相关的专业胜任能力困境如表 8-1 所示。

表 8-1   数据相关专业胜任能力困境

序号	困境表现
1	不具备信息系统操作的专业知识和技能。比如，会计师认为只要设置好财务软件或 ERP 软件系统密码，数据就不会泄露。事实上，只要后台数据库未设置安全措施，会计数据就有可能泄露
2	不具备数据采集和存储方面的专业知识和技能。比如，会计师对数据未进行备份，导致受雇单位数据丢失
3	不具备数据分析方面的专业知识和技能。比如，受雇单位会计数据全面电子化后，不能构建数据分析模型对受雇单位电子数据进行处理
4	不具备数据安全方面的专业知识和技能。比如，通过网络手段传递未经加密的企业会计数据或非会计数据，被网络黑客截取，或数据处理导致单位信息系统瘫痪
5	不具备人工智能操作方面的专业知识和技能。比如，未掌握财务机器人的操作手册或操作规则，非法操作导致财务机器人系统瘫痪，进而数据丢失

2. 会计信息系统相关道德困境

会计信息系统相关道德困境，是指会计师及相关人员在信息系统规划与组织、设计、操作、安全控制、维护与灾难恢复以及鉴证等方面的违规违法操作或其他不道德行为，导致数据保密、数据安全及资产保全责任不能履行以及其他不道德行为的发生。在数字时代，信息系统一方面是企业内部控制的主要载体，另一方面也是数据产生的重要基础。任何违规违法行为的产生都可能导致受雇单位数据资产和信息系统资产保全责任得不到履行。表 8-2 列举了会计信息系统相关道德困境的部分具体表现。

表 8-2   会计信息系统相关道德困境

序号	困境表现
1	信息系统规划与组织中的违规违法行为或其他不道德行为。比如，违反当前会计职业道德的相关规定，在信息系统中嵌入反记账、反结账等功能

续表

序号	困境表现
2	信息系统设计中的违规违法行为或其他不道德行为。比如，设计师在信息系统中保留开发商的管理权限，保留超级管理员权限，或者预留数据采集的后门程序等
3	信息系统操作控制中的违规违法行为或其他不道德行为。比如，违反规定上传和下载数据，并清除系统操作日志
4	信息系统安全控制中的违规违法行为或其他不道德行为。比如，未定期检查信息系统软硬件安全环境，未能及时制定有效的安全管理措施
5	信息系统维护与灾难恢复控制中的违规违法行为或其他不道德行为。比如，未能及时更新信息系统，导致数据库受到非法访问
6	信息系统审计中的违规违法行为或其他不道德行为。比如，出于窃取受雇单位数据的考虑，不报告被审计单位信息系统的设计缺陷、执行缺陷

3. 会计数据资源管理相关道德困境

会计数据资源管理相关的困境，是指会计师的数据采集、存储、分析以及输出行为危及受雇单位的数据资产保全责任，或导致其他不道德行为的发生。通常，数据管理的道德困境涉及数据采集、数据安全、数据滥用等。

在数字时代，数据同企业存货、固定资产和无形资产等一样，属于企业的重要资产。随着 REA 会计、REAL 会计、ERP 以及 FSS 等理念在企业中的应用，会计数据存储的范围逐步扩展至非会计数据，数据聚集效应所带来的数据价值是不可估量的。同时，供应链会计信息共享理论的提出，要求企业会计数据和非会计数据在供应链企业之间共享；而跨国公司的财务信息共享服务则要求企业会计数据和非会计数据在全球各子公司甚至供应链之间共享。会计大数据的产生及其应用价值彰显了会计数据资源管理道德，即会计师能否经得起数据利益诱惑的考验的重要性。表 8-3 列举了会计数据资源管理相关道德困境的部分具体表现。

表 8-3 会计数据资源管理相关道德困境

序号	困境表现
1	数据采集过程中的违规违法行为或其他不道德行为。比如，远程数据采集行为未做数据加密处理，导致数据泄露事件的发生
2	数据存储过程中的违规违法行为或其他不道德行为。比如，未建立数据存储的安全防护机制，导致黑客入侵，锁死受雇单位数据库，进而导致经济利益损失
3	数据分析过程中的违规违法行为或其他不道德行为。比如，会计师出于投资股票的目的分析受雇单位会计数据，进而获取非法利益
4	数据输出过程中的违规违法行为或其他不道德行为。比如，出于商业目的等随意输出与受雇单位相关的数据，并随意删除数据输出日志

4. 会计职业道德物化困境

会计职业道德物化困境，是指拥有自由意志或自主能力的人工智能和自主系统违反会计职业道德的行为，危及受雇单位的资产保全责任和经营管理决策，或导致其他不道德行为的发生。社会学的研究表明，面对复杂的工作，人类的表现是不佳的。自动化对就业的影响历来是社会各界关注的焦点。Frey 和 Osborne（2013）的研究表明，超过 45% 的当前职业在未来 10~20 年极易受到自动化的影响或被取代，会计师被取代的可能性为94%。人工智能引发的人类自我解放，会引发会计职业道德物化后的相关问题。在处理会计师违规违法等不道德行为方面，人类社会积累了丰富的经验，但在如何应对人工智能的不道德行为方面，人类社会还没有做好充分的准备。如果不良情绪被植入人工智能系统中，将会给会计职业道德的履行带来诸多麻烦。表 8-4 列举了会计职业道德物化困境的部分具体表现。

表 8-4　会计职业道德物化困境

序号	困境表现
1	是否应当赋予人工智能以会计主体资格？人工智能系统能否像人类一样做出正确的会计判断，其会计判断是否有利于企业经营管理者做出正确的决策？是否会在不良情绪的影响下提供与经营管理决策无关的会计信息？是否应当具备道德能动性
2	如何正确认识人工智能与会计师的权责问题？人工智能出现非理性行为，其责任应当由谁来承担？人工智能是否会成为会计师的"替罪羊"？会计师是否会出于利益滥用人工智能？会计师滥用人工智能应当承担什么样的后果？会计师操作人工智能的职业行为应当如何约束
3	如何处理会计师职业道德和机器道德的关系？具有自主学习功能的机器所产生的机器道德是否会危及会计师职业道德？机器所产生的优良的职业道德如何"反哺"会计职业道德

数字经济时代会计职业道德应对

在数字时代，数据泄露等不道德行为具有重大的不利影响。众所周知，会计师在企业会计数据和非会计数据保护中扮演着十分重要的角色。本书8.1 部分已指出，围绕数据价值和会计免责等数字时代的利益诱惑，会计师正面临着新的数据专业胜任能力困境、会计信息系统相关道德困境、会计数据资源管理相关道德困境和会计职业道德物化困境。那么，应当如何规范数字时代的会计职业道德便成为一个重大课题。

谁偷走了企业利润：会计师行为规范必要吗

2019 年，国际商业机器公司（IBM）安全事业部联合波耐蒙研究所（Ponemon Institute）调研了数据泄露对企业财务产生的影响。本次调研的主要结论包括以下内容。①过去 5 年数据泄露成本上升了 12%，目前数据泄露的平均成本已达到 392 万美元。②超过 50% 的数据泄露源于恶意网络攻击，给企业带来的平均损失比意外事件引起的数据泄露高出 100 万美元。③大规模的数据泄露一旦发生，会为企业带来巨大损失。超过 100 万条记录的泄露预计会给企业带来 4 200 万美元的损失，而超过 5 000 万条记录的泄露预计会带来 3.88 亿美元的巨额损失。④拥有事件响应团队并对事件响应计划进行了全面测试的企业，平均数据泄露成本要比两者皆无的企业少123 万美元。⑤美国的数据泄露平均成本为 819 万美元，高出全球平均水平2 倍之多。⑥医疗保健组织连续第 9 年"荣登"数据泄露成本排行榜榜首，平均达到 650 万美元（比调研中的其他行业高出 60%）。由此可见，数字时代，数据泄露正在侵蚀着企业利润。

如何提升数字经济时代会计师专业胜任能力

如前所述，在数字时代，保持专业胜任能力是会计师应当履行的义务，也是更好地服务于企业经营管理决策的前提条件。国际信息系统审计协会（ISACA）在《信息系统审计标准》中提出以下要求。①信息系统审计师应该有合格的职业能力，具备审计工作相应的知识和技能。按照该要求，信息系统审计师必须合理保证在开始某个项目前具备良好的职业能力（包括与所计划的任务相关的专业技能、专业知识和工作经验），不具备相应知识和技能的信息系统审计师，应拒绝或退出相关项目。②信息系统审计师应通过持续的职业教育和培训保持良好的职业能力。如果具备信息系统审计认证或其他审计相关职业资格，信息系统审计师必须符合持续职业教育或其他职业发展要求。信息系统审计师如不具有信息系统审计认证证书或其他审计相关特定职业资格，在其从事信息系统审计相关工作时，必须经过足够的正规教育、培训，并具有相关工作经验。③当领导一个审计组从事审计项目时，信息系统审计师必须合理保证审计组中的每个成员都具备完成该审计项目相应的职业能力。同时，美国审计署（GAO）（2018）提出，为应对数字时代数据审计的要求，数据分析师应当完善数学、统计学、计算机和数据方法等方面的技能。

综合上述对数字时代会计师专业胜任能力的要求，并结合数字时代会计师的职业行为，会计师除应具备会计专业知识外，还需具备数据保护和人工智能方面的法律法规、信息系统管理与操作、会计数据资源管理、人工智能操作等方面的知识和技能。数字时代会计师专业胜任能力规范如表8-5所示。

表 8-5 数字时代会计师专业胜任能力规范

序号	专业知识和技能模块	具体胜任能力要求
1	法律法规	熟悉世界各国数据保护和人工智能方面的法律法规，如欧盟发布的《通用数据保护条例》
2	信息系统管理与操作	掌握信息系统组织与规划，信息系统实施，信息系统操作，信息系统资产的保护、灾难恢复和业务持续计划，业务应用系统的开发、取得、实施和维护，业务过程的评价和风险管理信息资产的保护等方面的知识和技能
3	会计数据资源管理	掌握机器学习、统计建模、实验设计、贝叶斯推理、决策树、随机预测、逻辑回归、聚类分析、降维等数据分析方面的知识和技能
		掌握会计数据库管理方面的知识和技能，即掌握计算机科学基础、脚本语言（如网络爬虫）、统计计算软件包（如 SPSS、SAS、Excel 和 Access）、关系型数据库、非关系型数据库、关系代数、并行数据库、并行查询处理、分布式计算等
		掌握数据分析技术与方法，包括常规数据分析技术、数据挖掘技术和大数据分析技术（如社会网络分析、数据可视化以及文本挖掘分析方法）
		胜任高级管理工作、掌握沟通技巧、能进行视觉艺术设计，掌握可视化工具（如 Flare、D3.js、Tableau）
4	人工智能操作	熟悉基本的人工智能产品或技术控制与维护等方面的知识和技能
5	其他技能	对数据感兴趣、对业务充满激情、不受权威的影响、具备黑客心态、善于解决问题、具有战略眼光、积极主动、有创新精神和合作精神等

不具备数字时代专业胜任能力的会计师应通过专门培训或再教育等形式获取专业胜任能力，并通过继续教育等形式保持专业胜任能力，熟悉信息系统管理与操作、会计数据资源管理、人工智能操作以及相关领域的最新发展，将专业胜任能力保持在一定的水平，以确保为受雇单位和其他利

益相关者提供高水平的会计专业服务。

如何规范数字经济时代会计信息系统操作行为

会计信息系统是企业内部控制的主要载体，存储着大量的业务数据和财务数据，由此，规范会计师的信息系统管理与操作行为至关重要。数字时代会计师信息系统操作部分具体行为规范如表 8-6 所示。

表 8-6　数字时代会计师信息系统操作部分具体行为规范

项目	目标	具体要求
信息系统规划与组织	信息系统规划恰当，职责划分合理，不相容职责分离以及职责划分得到良好履行	①信息系统不得规划采集满足业务活动需求之外的数据的功能，尤其是带有歧视性的会计数据；②信息系统不得规划违反当前会计职业道德的功能，如反记账、反结账等功能；③信息系统规划与组织应将不相容的职责分离；④信息系统权限应符合当前会计职业道德规范的要求；⑤其他与信息系统规划和组织相关的职业道德行为
信息系统设计	系统设计嵌入会计职业道德规范，不存在重大错误和舞弊行为	①设计者在信息系统设计中嵌入最低的会计职业道德要求；②设计者不得在信息系统中保留数据采集的后门程序；③设计者不得在信息系统中保留开发商的任何管理权限，尤其是超级管理员权限；④系统具备重大错误和舞弊行为的提示功能或禁止功能；⑤其他与信息系统设计相关的职业道德行为

续表

项目	目标	具体要求
信息系统操作控制	会计师应当建立完善的信息系统操作管理制度，并确认各项制度得到有效执行	①不应忽视信息系统操作管理制度的建立健全；②不得违反信息系统操作管理制度的相关规定；③不得恶意清除系统操作日志，应定期检查系统操作日志；④不得违反规定上传和下载数据；⑤应定期备份系统数据库；⑥定期检查信息系统启动日志，确保信息系统在安全条件下运行；⑦其他与信息系统设计相关的职业道德行为
信息系统安全控制	信息系统安全控制措施健全，软硬件和数据资源得到妥善保护，信息系统安全管理制度执行有效	①不应忽视信息系统安全管理制度的建立健全；②安全管理员定期检查信息系统实体安全环境，及时制定有效的安全管理措施；③安全管理员定期检查信息系统软硬件安全环境，及时制定有效的安全管理措施；④安全管理员模仿系统入侵者，对信息系统的安全性进行测试；⑤其他与信息系统安全控制相关的会计职业道德行为
信息系统维护与灾难恢复控制	信息系统维护与灾难恢复控制措施健全，并得到有效执行	①未经授权，不得擅自修改或更改信息系统；②及时更新信息系统，防止数据库受到非法访问；③制定完善系统灾难恢复计划和操作手册，并严格执行；④定期检查关键应用程序清单是否完整，以确保系统能够及时恢复；⑤其他与信息系统维护与灾难恢复控制相关的会计职业道德行为

续表

项目	目标	具体要求
信息系统审计	信息系统审计行为不能危及被审计单位的信息系统的安全性、可靠性，并履行信息系统资产保全责任	①审计行为不得危害信息系统安全性和可靠性，并履行信息系统资产保全责任；②审计行为不得妨碍被审计单位信息系统的正常使用行为；③信息系统审计师不得发生在被审计单位信息系统中植入木马程序等利于数据窃取的行为；④不能出于任何目的不报告被审计单位信息系统的设计缺陷、执行缺陷等；⑤应及时恢复误操作对被审计单位信息系统造成的损害，并承担赔偿责任；⑥远程审计行为应符合相关审计法律法规的要求；⑦应保留信息系统审计相关的系统操作日志；⑧其他与信息系统审计相关的职业道德行为

如何加强数字经济时代会计数据资源管理

在数字时代，受会计管理思想或理念、数据思维方式的影响，企业会计数据和非会计数据的重要性日益凸显，会计数据资源管理行为规范也被提上日程。然而，会计数据资源管理行为规范是一项系统工程，不仅需要建立从会计数据采集、数据存储、数据处理到会计数据输出的行为规范，还需要建立健全会计数据保护官制度。

1. 会计数据资源管理行为规范

数字时代的会计数据资源管理行为首先应遵循数据伦理的基本原则和各国关于数据保护的法律法规。国际计算机协会（ACM）在其发布的《计算机协会道德与职业行为准则》中指出：伤害是指负面后果，特别是那些重大和不公正的后果，应仔细分析数据汇总的后果；专业人员通常会被委以保密信息，例如商业秘密、客户数据、非公共商务战略、财务信息、研究数据；专业人员应保护信息保密性，除非有证据表明其违反了法律、行政法规或《计算机协会道德与职业行为准则》；个人和组织有权限制对其系统和数据的访问，在没有合理理由认为其行为将被授权或无法笃信其行为符合公众利益的情况下，专业人员不应访问另一人的计算机系统、软件或数据。由此，会计师应根据数据资源管理的整体流程构建从数据采集、数据存储、数据处理，到数据输出的具体行为规范，以达到防范出售、共享或泄露受雇单位会计数据的目的。

2. 会计数据保护官制度

欧盟在 2018 年颁布的《通用数据保护条例》中提出数据保护官（Data Protection Officer, DPO）制度，并指出部分组织机构有义务设置数据保护官。鉴于会计数据管理范围的扩大，以及会计数据对于企业的重要意义，企业应在会计机构或组织结构中设置会计数据保护官。会计数据保护官必须具备特定的专业素养，尤其是具备数据保护法律和实践方面的专业知识和履职能力。会计数据保护官应履行以下职责：告知会计师数据保护法规方面的各项义务；监督会计师是否遵循数据方面的法规，会计师对数据的处理是否符合相关法律法规；对会计师进行培训，以增强其在数据处理方面的合规意识；就是否进行数据保密评估、数据安全评估等提供意见；作为企业内部联络人，与外部数据保护监督机构合作；其他与会计数据保护官相关的职责。同时，必须保证会计数据保护官能独立地履行其职责和义务，应当为会计数据保护官的履职提供充分支持。

如何规范数字经济时代会计人工智能应用行为

数字时代会计人工智能应用行为规范首先应遵循人工智能伦理的基本原则和各国关于人工智能伦理的法律法规。根据数字时代人工智能伦理的基本原则，会计师应与人工智能构建和谐的人机关系，且会计师对人工智能的应用不能违背人类社会的价值观和伦理行为。按照人工智能伦理的基本原则，会计师应用人工智能应遵循以下规定。

（1）人工智能不应被赋予会计主体资格或审计主体资格，即不应拥有生存权，不应拥有财产权，不应拥有著作权，不应拥有会计决策的投票权。对于该问题，学术界大致有三种观点。一是反对人工智能具有道德能动性，其主要代表是坚持"技术工具论"的学者。他们认为，技术仅仅是工具而已，本身不具有伦理属性，其好坏取决于使用的方式。二是肯定人工物具有道德能动性，其主要代表是机器伦理的研究者。他们认为，具有智能的技术人工物具有类似人的自主性和意向性，因此可以作为独立的道德能动者。三是中立，即认为人工物不具有类似人的道德能动性，但人工物不是价值中立的，它能够影响人的道德选择和行动。上述提到的人工物是指现代人工物，它是人以自己的意志、知识、能力和价值观，运用技术和技术手段通过生产劳动作用于自然或人工自然而产生的，满足人或社会需要的第二自然物，是构成人工自然的细胞。无论处于哪种立场，我们都应认识到，人工智能在会计领域的应用都不能危及会计师的生存和企业经营管理的安全。

（2）会计师与人工智能的人机关系应建立在"命令与服从"的关系上，即人工智能在会计和审计工作中只拥有接受会计师命令和服从命令的功能。按照上述规定，人工智能应树立与会计师相同的价值观；人工智能自主学习产生的优良职业道德"反哺"会计职业道德应符合人类社会的价值观；人工智能不能发生直接或间接伤害会计师或危及企业经营管理决策的行为。这样才能避免人工智能发展给会计师及企业经营管理决策等带来伤害的情况发生，或者避免触发会计职业领域不道德行为。

（3）人工智能不能成为会计师的"替罪羊"，即会计师不得滥用人工智能危及会计数据的安全以及企业经营管理的安全等，并应为滥用人工智能行为承担相应的法律责任；人工智能的非理性行为应由发出人工智能指令的会计师承担责任；会计师操作人工智能的行为应当在法律法规、伦理观等允许的范围之内。